KB238718

괜찮은 장난은 없다

괜찮은 장난은 없다

변호사 양이림 지음

"사소한 장난이 지울 수 없는 상처가 된다"

학교폭력 전문 변호사가 쓴
어른이 함께 해결해야 할 학폭 이야기

괜찮은 장난은 없다

1쇄 발행 2024년 1월 22일
5쇄 발행 2025년 10월 13일

지은이 : 양이림
펴낸이 : 김영경
펴낸 곳 : 쑬딴스북
출판등록 : 제2021-000088호(2021년 6월 22일)
주소 : 경기도 파주시 탄현면 헤이리마을길 82-91 B동 202호
이메일 : fuha22@naver.com
ISBN : 979-11-984168-6-5 03300

인쇄 (주) 프린탑

- 이 책은 저작권법에 따라 보호받는 저작물이므로
  무단 전재와 무단 복제를 금지하며,
  이 책의 전부 또는 일부를 이용하려면
  저작권자와 쑬딴스북의 동의를 받아야 합니다.
- 책값은 뒤표지에 있습니다.
- 잘못된 책은 구입하신 서점에서 바꿔 드립니다.

"오늘부터 내 꿈은 너야. 우리 꼭 또 보자, 박연진."

이 말을 들어본 적 있나요? 지난 2022년 말, 2023년 초 엄청난 인기를 끌었던 넷플릭스 드라마 〈더 글로리〉의 유명한 대사입니다. 이 드라마는 학교폭력 피해자인 '동은'의 일생을 건 복수극을 내용으로 합니다. '유년 시절 폭력으로 영혼까지 부서진 한 여자가 온 생을 걸어 치밀하게 준비한 처절한 복수와 그 소용돌이에 빠져드는 이들의 이야기' 입니다.

이 간추린 글은 드라마의 주제를 잘 표현하고 있습니다. 드라마는 자기 삶의 목표가 자기가 아닌 동은, 자기 삶의 목표가 연진에 대한 복수인 동은, 자기 삶에 자신이 존재하지 않게 된 동은, 오로지 가해자에 대한 복수만 남은 동은의 비극적 삶을 그대로 보여주고 있습니다.

왜 동은은 자신의 삶에 자기가 없는, 복수만이 삶의 전부인 비극적 선택에 내몰렸을까요?

이 드라마는 학교폭력의 심각성을 다시 한번 우리 사회에 알리는 계기가 되었습니다. 이미 학교폭력 문제가 우리 사회의 심각한 문제임을 보여줍니다. 이런 일은 드라마에서일 뿐일까요? 지난 몇 년 동안 우리 사회는 잊을 만하면 연예인, 운동선수, 정치인, 공직 후보자 본인 혹은 그 자녀의 학교폭력 문제가 사회적 관심으로 등장했고, 대중의 비난을 받았으며, 학교폭력 피해 학생이 스스로 삶을 등지는 일이 보도되어 많은 이들이 안타까움과 분노를 느끼게 했습니다.

학교폭력은 학교만의 문제나 아이들만의 문제가 아닌 우리 사회가 함께 풀어가야 할 사회적 과제로, 정부와 교육현장, 학계, 시민단체, 법조계 등 각계에서 다양한 의견과 대책이 나오고 있습니다. 이 책 역시 그런 흐름 속에서 시작했습니다.

학교폭력예방법이 개정되어 학교폭력의 문제를 학교가 아닌 교육지원청 단위의 학교폭력대책심의위원회에서 담당하게 된 2020년 초기부터 저는 몇 년간 두 곳의 교육지원청에서 학교폭력전담변호사로 근무하며 현장에서 학교폭력의 실제를 생생하게 경험했습니다. 500여 건의 학교폭력 사안을 살폈고, 200여 건의 학교폭력대책심의위원회 심의에 직접 참여했으며, 50여 건에 이르는 행정심판 및 10여 건에 이르는 행정소송을 수행했습니다. 때로는 학교 현장에 직접 방문해 학교폭력과 관련한 현장의 고충을 직접 전해 듣고 법률 자문을 했습니다. 이 책은 그런 경험에서 비롯되었습니다. 제가 현장에서 겪고, 배우고, 고민한 학교폭력의 실제와 해결의 실마리에 관한 이야기를 풀어내고 고민을 나누고 싶었습니다.

　무엇보다 우리 학생들이 이 책을 통해 자기 행동의 의미를 살피고 상대의 마음을 헤아릴 수 있기를 바랍니다. 보호자가 자녀와 함께 이 책을 읽고 함께 고민하기를, 우리 아이만이 아닌 상대 자녀의 마음도 살피기를 바랍니다. 선생님들 역시 이 책을 통해 학생들에게 자신의 행동이 왜 문제가 되는지, 왜 학교폭력이라고 하는지 분명하게 설명하고 이해시키기를 바랍니다.

　영화나 드라마, 언론을 통해 보도되는 것처럼 모든 학교폭력이 악의 화신 같은 가해 학생에 의해 저질러질까요? 정말 용서할 수 없는 악랄한 학교폭력이 학교를 지배하고 학생들을 위협하고 있을까요? 극악무도한 범죄자와 같은 가해 학생을 엄하게 처벌하면, 학교와 사회로부터 쫓아내기만 하면 학교는 평화로워지고 안전할까요?

　제가 경험한 교육현장, 학교폭력의 실제는 그렇지 않았습니다. 우리가 영화, 드라마, 언론을 통해 접하는 것과 같은 아주 심각한, 범죄 수준에 이르는 학교폭력도 분명 존재하지만, 제가 접한 학교폭력은 대부분 평범한 아이들끼리의 갈등과 다툼이었고, 관계 맺음의 과정에서 발생하는 불협화음이었으며, 무엇이 잘못인지 모른 채 또래 사이에서 장난처럼, 놀이처럼, 문화처럼 이루어지는 행동들이었습니다. 그런 행동들이 오고 가며 때로는 가해자가 되고 때로는 피해자가 되며 서로 상처를 주고받고 있었습니다. 우리가 영화나 드라마, 언론에서 접하는 일방적이고 악랄한 가해가 학교폭력의 전부 혹은 실제가 아님을 생생하게 경험했습니다.

저는 그것을 학교폭력의 평범성, 일상성, 관계성이라 부릅니다. 즉, 교육현장에서 실제로 빈번하게 발생하고 우리 아이들이 겪고 있는 학교 폭력의 실제 모습은 아주 나쁜 특정 아이가 이례적으로 다른 누군가를 악의적, 의도적, 일방적으로 괴롭히고 폭력을 행사하는 모습을 띄기 보다는 지극히 평범한 학생들이, 일상적인 생활 속에서, 타인의 관계 맺음 과정에서 오는 갈등을 성숙하게 풀어내지 못한 채 폭력적인 형태로 발현하는 말과 행동이었고 잘못된 언어습관, 또래문화, 놀이문화 등으로 인해 자기 행동의 의미를 인식하지 못한 채 무심코 저지르는 말과 행동이었습니다.

어느 날 갑자기 자신이 학교폭력의 가해자가 됩니다. 어느 날 갑자기 우리 아이가 학교폭력 가해자라고 합니다. 학생은, 보호자는 당황스럽습니다. 상대 아이와 보호자는 우리 아이가 정말 나쁜 아이라고 학교에서 쫓아내라고 합니다. 내가, 우리 아이가 그렇게 나쁜 짓을 한 걸까요? 장난으로 한 것뿐인데요. 친구 사이에서, 자라면서, 성숙하지 못한 아이들 사이에서 흔히 있을 수 있는 갈등이 아닌가요? 다 그러면서 컸는데요. 나는, 우리 아이는 학교폭력 가해 학생이 되어 조치를 받습니다. 법령에 따른 절차에 따라 학교폭력으로 결정되었으니 그에 따른 조치를 받아야 한다고 합니다. 아이와 보호자는 수긍하지 못합니다. 결정이 잘못되었고, 가혹하기만 합니다.

왜 이런 현상이 계속 반복될까? 그것이 제 고민이었고, 어느 순간 그 이유가 학교폭력의 평범성, 일상성, 관계성이라는 특징에서 비롯된 것임을 깨달았습니다. 학교폭력을 아주 나쁜 어떤 아이가 저지르는 악랄한 행동으로만 이해하고 있는 아이와 보호자는 자신의 행동이 학교폭력이 될 수 있다는 사실을 이해하지 못한다는 것을 알게 되었습니다. 또한, 학교폭력의 절차 가운데 누구도 왜 나의 행동이, 우리 아이의 행동이 학교폭력인지, 무엇을 잘못했는지 알려주지 않고 있음을 깨달았습니다. 자기 행동의 무엇이 문제인지, 그 행동이 상대에게 어떤 영향을 미치는지, 왜 학교폭력이라고 하는지 고민하고 배울 기회를 주지 않았음을 깨달았습니다. 심지어 성인인 보호자 역시 자기 아이의 행동이 왜 문제인지 모르고 제 아이를 위한다는 마음에 방어만 한다는 것을 알았습니다.

〈더 글로리〉 같은 드라마, 영화 혹은 언론을 통해 극단적으로 보이는 행동이 학교폭력이라는 점은 모두가 압니다. 학생 자신이나 보호자도 압니다. 내가 누군가를 때리면, 집요하게 괴롭히면, 이른바 셔틀을 시키고 돈을 빼앗으면 학교폭력이라는 점은 누구나 압니다. 하지만 내가 장난으로 한 행동이, 습관처럼 뱉은 욕설이, 별명을 부르는 것이, 뒷담화를 한 것이 왜 학교폭력이 되는지는 알지 못합니다. 친구와 조금 다투었을 뿐인데, 조금 놀린 것뿐인데, 사귀던 과정에서 스킨십을 했을 뿐인데, 유행하는 놀이를 했을 뿐인데, 호기심으로 했을 뿐인데, 친구를 도와주었을 뿐인데, 그 아이가 먼저 잘못했는데, 전통과 문화에 따른 것뿐인데 왜 학교폭력인지는 알지 못합니다. 왜 학교폭력인지 알지 못하고 이해하지 못하다 보니 변화가 없습니다. 억울할 뿐입니다.

이 책은 그런 의문에 대한 이해의 실마리를 주고자 합니다. 누구나 다 잘못인지 알 수 있는, 영화나 드라마, 언론에서 등장하는 학교폭력에 관한 이야기가 아니라, 우리 학생들 그리고 우리 자녀가 일상에서 타인과 부대끼며 살아가는 과정에서 무심코 하는 잘못된 행동을 이야기합니다. 딱딱한 법률 용어를 통해서가 아니라 실제 빈번하게 발생하는 생생한 사례를 통해 그 일상적 행동들이, 의도하지 않은 행동들이, 친구와 갈등의 과정에서 비롯된 행동들이, 성장하면서 겪는 타인과의 사소한 다툼들이 어떻게 상대에게 피해를 주는지, 왜 그것이 학교폭력인지 이야기합니다.

궁극적으로는 이 책을 통해 우리 학생들이, 보호자가 자기만의 관점에서 자신의 행동을 보는 것이 아니라 상대의 관점에서 자신의, 우리 아이 행동의 의미를 살펴보고 고민하는 계기가 되기를 바랍니다. 우리 학생들이 학교라는 울타리 안에서 상대를 배려하고 존중하는 마음을 가지고 생활하기를 바랍니다. 친구들과의 다양한 갈등 상황에 지혜롭고 현명하게 대처하기를, 타인과 평화롭게 공존하는 방법과 가치를 고민하기를 바랍니다.

그렇기에 이 책은 학교폭력의 정의가 무엇인지, 어떤 유형이 있는지, 그 절차가 어떻게 되는지, 가해 학생에게 어떤 조치가 이루어지는지 등에 관한 법률적 설명이 아닌, 피해자의 입장에서 나라면 어떻게 했을까, 내가 그라면 어떤 마음일까, 우리 아이가 저런 상황이라면, 내가 상대 아이의 보호자라면 하는 감정이입에 주안점을 두었습니다. 그 과정에서 느끼는 점이 있다면 그것이 제가 전달하고자 하는 이야기일 것입니다.

자, 그럼 이제부터 학교폭력의 실제를 경험하러 가볼까요?

contents

Prologue

1장 — 장난이었을 뿐인데

2장 —— SNS에서 생긴 일

3장 —— 먼저 잘못했다는 이유로

'나라면?'

'우리 아이라면?

1장

장난이었을 뿐인데

상대방도 장난으로
생각할까

"친해서 이해할 줄 알았어요"

"광수와 중학교에 들어와서 같은 반이 되어 친해졌어요. 제가 치는 장난도 잘 받아주고 성격도 잘 맞아 쉬는 시간이나 방과 후에도 서로 잘 놀았어요. 그런데 얼마 전 갑자기 선생님이 저를 부르시는 거예요. 광수가 저 때문에 힘들어한다고, 광수가 제게 신체폭력을 당했다고 호소했다고 하더라고요. 너무 깜짝 놀랐어요. 서로 친하게 지내고 맨날 같이 레슬링 놀이, UFC 놀이 이런 걸 했는데, 이제 와서 학교폭력이라뇨? 저는 광수랑 친하고 서로 편하게 장난도 치고 지내는 사이라 그냥 장난을 쳤을 뿐인데 그걸 학교폭력이라고 신고하다니, 광수한테 배신감이 들고 너무 억울해요."

"왜 장난으로 받아주지 않나요"

억울해하는 것도 이해됩니다. 흔히 남자아이들은 서로 장난도 치고 놀면서 친하게 지내는 것으로 생각하니까요. 그런데 그런 장난도 정도가 심하거나 상대방이 원하지 않는다면 학교폭력으로 평가될 수 있습니다. 그럼 장난이 무엇인지부터 살펴볼까요? 장난이 무엇인지 알면 왜 장난이 학교폭력이 될 수 있는지도 깨달을 테니까요.

장난이란 무엇일까요? 장난의 사전적 의미를 살펴보면 '주로 어린아이들이 재미로 하는 짓', '짓궂게 하는 못된 짓'이라고 되어 있습니다. 즉 장난이란 '어린아이들이 재미로 하는 짓궂고 못된 짓'이라고 볼 수 있습니다. 장난이라는 행위 자체가 '짓궂고 못된 짓'을 한다는 의미를 포함하고 있다는 것만 봐도 장난이 상대방에게는 결코 기분 좋은 행위가 아님을 알 수 있습니다. 즉 우리가 장난이라는 이름으로 재미로 혹은 무심결에 한 행동이 상대방에게는 신체적, 정신적 피해를 줄 수 있기에 때로는 장난도 학교폭력이 될 수 있습니다.

어떤 경우에 장난이 학교폭력이 될 수 있는지 좀더 살펴볼까요?

우리가 흔히 하는 장난은 그 자체로 상대방에게 기분 좋은 행위가 아니기에 언제라도 상대방에게는 폭력으로 느껴질 수 있습니다. 그렇다면 반대로 언제 장난이 폭력이 아닌 장난에 머무를 수 있을까요? 그건 생각보다 쉽습니다. 장난은 상대방에게 기분 좋은 행위가 아니기에 폭력이 될 수 있으니까, 반대로 상대방이 기분 나쁘거나 불쾌해하지 않는다면 장난이 폭력이 아닐 수 있지 않을까요?

그럼 상대방은 언제 장난이 기분 나쁘거나 불쾌하지 않게 느낄까요? 장난이 장난에 머무르는지, 아니면 상대방에게 폭력이 될 수 있는지는 무엇보다 장난의 ' 방향성 '에 있습니다. 말이 어렵나요? 쉽게 말하면 장난은 서로 ' 같이 ' 쳐야 장난이지, 혼자만 일방적으로 상대방에게 장난을 치는 것은 장난이 아니고 상대방에 대한 폭력입니다.

만약 광수가 장난도 잘 받아주고 서로 놀이로 장난을 주고받은 것이라면 아마 광수가 그토록 피해를 호소하지 않았을 것 같은데, 왜 광수는 피해를 호소하고 영식이를 학교폭력으로 신고했을까요? 광수가 자기와 같이 장난을 쳤다고 생각했을지 모르지만, 사실은 영식이 혼자 주로 광수에게 일방적인 장난을 쳤고, 그 장난을 영식이는 장난으로 느낄 수 없었기 때문입니다.

괜찮은 장난은 없다

상대방은 언제 나의 행동이 장난이 아닌 폭력이라고 느낄까요? 때로는 일방적인 장난이 아니라 서로 주고받은 장난이라도 그 정도가 심하면 상대방은 폭력으로 느낄 수 있습니다. 즉 상대방에게 장난으로 받아들이기 힘든 정도의 피해를 주는 행위라면 그건 장난이 아닌 폭력이 될 수 있습니다. 이 역시 처지를 바꿔 생각해보면 어렵지 않습니다. 상대방이 내게 그런 행동을 했다면 내가 장난으로 받아들일 수 있을까요? 생각해보면 내 행위가 장난인지 폭력인지 금방 알 수 있습니다.

상대방이 장난이라는 이름으로 주먹으로 내 배를 때린다면, 상대방이 장난이라는 이름으로 마주칠 때마다 '헤드락'을 한다면, 상대방이 장난이라는 이름으로 UFC 놀이를 한다며 내 팔을 비틀어 꺾는다면, 상대방이 장난이라는 이름으로 내가 앉으려고 하는데 의자를 빼서 엉덩방아를 찧게 한다면 과연 나는 "장난이니까 괜찮아."라고 말할 수 있을까요?

'장난으로 던진 돌에 개구리는 맞아 죽는다'라는 속담을 알고 있죠? 이 속담은 장난이 왜 상대방에게 폭력이 될 수 있는지, 무심코 한 장난이 상대방에게 얼마나 큰 피해와 상처를 줄 수 있는지 잘 표현하고 있습니다.

친하다는 이유로, 재미로, 혹은 무심코 한 많은 장난이 상대방에게는 내가 미처 생각하지 못한 신체적, 정신적 충격과 피해를 줄 수 있습니다. 그리고 장난 그 자체는 항상 상대방에 대한 침해를 내포하고 있습니다. 이 사실을 꼭 기억하고, 장난이라는 이름의 폭력으로 친구를 힘들게 하지 않기를 바랍니다.

이쯤에서 광수의 마음을 한번 알아볼까요?

광수의 마음

광수는 어떤 마음이었을까요?

"저는 영식이를 중학교에 들어와서 알게 되었어요. 같은 반이 되었는데 성격도 밝고 활발하고 운동도 잘해서 친하게 지내고 싶었어요. 그래서 영식이가 말을 걸거나 장난을 쳐도 잘 받아주었더니 영식이랑 금방 친해져 자주 어울렸죠."

그런데 시간이 지나면서 영식이의 장난 횟수와 강도가 심해졌답니다. 광수는 친한 친구로 서로 즐겁게 이야기하고 놀며 지내기를 원한 건데, 장난을 편하게 받아주다 보니 광수가 편해진 건지 말을 함부로 하고, 날이 갈수록 장난이 심해졌답니다. 영식이가 운동을 좋아해서 그런지 볼 때마다 헤드락을 걸고 넘어뜨리고 레슬링 기술을 하면서 광수에게 탈출해보라고 하고, 괴로워 탈출하려고 몸부림치면 더 심하게 기술을 걸고 해서 너무 힘들었답니다. 그러다가 언젠가부터는 UFC 놀이라며 다리를 붙잡아 넘어뜨리고, 암바 건다고 팔을 꺾고, 또 탈출해보라고 하고, 로우킥이라면서 발로 허벅지를 차기까지……

"저는 어느 순간 너무 아프고 힘들어져서 하지 말라고 했는데, 영식이는 장난인데 왜 그래, 너도 하면 되잖아, 라면서 제 말을 무시하고 계속하는 거예요. 그래서 어느 순간 그런 생각이 들더라고요. 영식이는 나를 친구로 생각하는 게 아니구나, 나는 영식이 장난 상대,

심심풀이 상대구나. 너무 화가 나고 슬펐어요. 그저 장난이었다고 요? 영식이가 꼭 알았으면 좋겠어요. 나는 너랑 한 번도 장난을 친 적이 없다고, 나는 언제나 네 폭력의 피해자였다고."

영식이는 광수의 마음이 이해되나요? 아직도 그저 장난이었다고 생각하나요? 서로 장난을 친 것뿐이라고 생각하나요? 만약 그렇다 면 영식이가 처지를 바꿔 자신의 지난 행동들을 곰곰이 되새김해볼 필요가 있습니다. 내가 광수라면 과연 나는 그 모든 행동이 그저 장 난이니까 괜찮다고 할 수 있을까?

장난으로 던진 돌에 개구리는 맞아 죽습니다. 장난이라는 명목으 로 폭력이 정당화될 수 없다는 사실을 영식이뿐만 아니라 모든 학생 이 명심하기를 바랍니다.

장난이 아니라 피해자였을 뿐

무엇보다 먼저 광수에게 진정한 사과를 하면 좋을 것 같아요. 영식 이의 잘못된 행동으로 광수가 너무 힘든 시간을 보냈다는 사실을 이 제 알았다면, 지난 자신의 행동이 장난이었다는 핑계로 자신의 잘못 을 회피하지 말고, 광수에게 자신이 미처 광수의 고통과 상처를 살 피지 못했음을 늦게라도 사과하고 용서를 구할 필요가 있습니다.

우리는 모두 살아가며 실수를 합니다. 하물며 성인도 그런데 아직 인격적으로 성숙하지 못해 많은 것을 시행착오를 통해 배워나가는 과정에 있는 청소년들은 오죽할까요. 중요한 것은 실수와 잘못을 하지 않는 것이 아니라 실수와 잘못을 통해 그것이 잘못된 것임을 배우고, 반성하고, 되풀이하지 않는 것입니다.

모쪼록 이번 일을 계기로 영식이가 광수에게 한 자신의 행동이 잘못된 것임을 깨닫기를, 그 잘못을 인정하고 광수에게 사과를 구하기를, 앞으로는 광수뿐만 아니라 다른 친구와의 관계에서도 그런 잘못을 되풀이하지 않기를 바랍니다.

"제발
별명 부르지 마"

영민이는 없고 '푸'와 '곰'만

지훈이는 너무 억울합니다. 얼마 전 갑자기 선생님께서 부르셔서 갔더니 학교폭력으로 신고되었답니다. 아니 대체 왜 싶었죠. 누군가를 때리거나 괴롭힌 기억이 전혀 없으니까요. 알고 보니 영민이가 지훈이에게서 지속적으로 언어폭력을 당했다고 신고했답니다. 학기 내내 계속 자기 별명을 부르면서 놀리고 괴롭혔답니다.

지훈이도 일부는 인정합니다. 가끔 영민이와 마주치면 별명을 부르곤 했죠. 영민이 별명이 '푸~', '곰~'이랍니다. 영민이가 몸집이 크고 행동도 좀 느리고 어기적거리는 게 약간 판다나 곰을 닮아 지훈이가 지은 별명입니다.

"에버랜드 판다 '푸바오'에서 따와서 '푸~'라고 하거나, '곰~' 이라고 불렀어요. 제가 지은 거지만 저뿐만 아니라 다른 친구들도 가끔 그렇게 불렀습니다."

지훈이는 영민이를 괴롭히거나 놀리려고 그런 것은 아니었답니다. 그냥 영민이 모습과 행동이 재미있어서 가끔 그렇게 불렀을 뿐이랍니다. 그런데 별것 아니라고 생각한 별명 부르기가 학교폭력으로 신고되었고, 그래서 지훈이는 여전히 억울해합니다.

누구나 감추고 싶은 약점이 있다

지훈이가 많이 억울해하는 것 같네요. 흔히 친구끼리 서로 별명을 부르곤 하는데 그걸 학교폭력이라고 하다니 너무한 것 아닌가요? 억울할 같아요. 그럼 과연 지훈이 생각처럼 영민이가 너무한 것인지, 사소한 일로 예민하게 구는 것인지 살펴볼까요?

별명이 무엇인가요? 별명이란 '사람의 생김새나 버릇, 성격 따위의 특징을 가지고 남들이 본명 대신에 부르는 이름'을 의미합니다. 즉 누군가의 외모, 행동, 버릇 등의 남들과 다른 그 사람만의 도드라진 특징을 강조해 그 특징을 드러내는 표현으로 그 사람을 부르는 명칭입니다.

별명을 부르는 것이 그저 다른 사람의 독특한 특징에 착안해 그 사람을 부르는 것이라면, 무엇이 문제일까요? 왜 별명을 부르는 것이 문제 될 수 있을까요? 그것은 별명 자체가 통상적으로 누군가의 긍정적인 특징이나 장점보다는 부정적인 특징, 감추고 싶은 약점을 표현해 그 사람을 웃음의 대상으로 만들기 때문이에요. 지훈이가 영민이의 큰 몸집, 느린 행동 등의 특징을 포착해 그 모습을 판다나 곰에 빗대어 '푸~' 혹은 '곰~' 이라고 부르면서 웃고 즐겼던 것처럼 말이죠. 지훈이 스스로 그랬죠? 영민이 모습이나 행동이 재미있어서 그렇게 불렀다고요. 지훈이가 영민이를 그렇게 불렀을 때 재미있었을 거예요. 그렇게 부르면 주변 친구들도 같이 웃고 하니 재미있기도 하고 웃기기도 했을 거예요.

그런데 그렇게 부르면 그 별명을 듣는 영민이도 즐거워했나요? 영민이도 웃고 재미있었을까요? 사람은 누구나 다른 사람에게 도드라지길 원하지 않는 자신의 외모, 버릇, 행동 특징 등과 관련한 감추고 싶은 약점이 있어요. 영민이에게는 어쩌면 또래보다 큰 자신의 몸집, 느릿느릿한 자신의 행동이 감추고 싶은 약점일 수 있어요. 그런데 그 약점을 콕 집어 '푸~', '곰~' 이라고 부를 때 영민이의 마음은 어떨까요? 그것도 웃으면서 놀리듯이 다른 친구들 다 있는 자리에서 그랬다면?

처지를 바꾸어 생각해봅시다. 만약 지훈이의 앞니가 툭 튀어나와 남들이 보기에 '쥐'를 연상시킬 수 있고, 그것이 지훈이에게는 감추고 싶은 약점인데도 영민이가 자꾸 지훈이를 볼 때마다 '쥐~', '찍찍~' 이러면서 별명처럼 부른다면 어떨까요? 그것도 다른 친구들이 모두 지켜보고 있는 자리에서 그런다면 어떨까요? 지훈이는 그때도 자신이 영민이를 그렇게 불렀던 때처럼 재미있고 즐겁게 웃을 수 있을까요?

그것은 수치심을 주는 폭력일 뿐

이쯤에서 영민이가 제게 보낸 속마음을 들여다볼까요?

영민이는 2학년 올라와 같은 반이 되면서 지훈이를 알게 되었답니다. 지훈이와 처음 만나기도 했고, 워낙 조용한 성격인 자기와 달리 지훈이는 활발한 성격이어서 친구들과 잘 어울리고 장난도 잘 쳐 지훈이랑 그리 친하게 어울리지는 않았답니다. 같은 반이니까 가끔 이야기하고 인사하고 그 정도 관계였답니다.

그런데 어느 날부터 갑자기 지훈이가 영민이를 '푸~', '곰~' 이렇게 부르는 거예요. 처음에는 왜 그러지 했는데, 그렇게 부르면서 옆 친구들에게 이렇게 말했답니다.

"야, 쟤 진짜 판다 같지 않냐, 곰 같지 않냐? 완전 푸바오 같아."

그러면서 막 웃더랍니다. 지훈이가 그러니까 다른 친구들도 덩달아 웃고, 때로는 다른 친구들도 그렇게 부르면서 웃었습니다. 그때마다 영민이는 너무 기분이 나쁘고 수치스러웠습니다. 사실 영민이 스스로 다른 친구들보다 크고 둔해 보이는 몸집, 느릿느릿한 행동과 말투가 핸디캡이었거든요. 다른 친구들이 그걸 눈치채지 않았으면 좋겠는데, 어느 날부터 지훈이가 그렇게 부르면서 다른 친구들까지 다 영민이를 그렇게 인식하고 부른답니다.

"저는 너무 싫었어요. 그래서 한 번은 지훈이에게 정색하고 말했어요. 그렇게 부르지 말라고, 나 기분 나쁘다고."

그랬더니 지훈이가 웃으면서 이렇게 말했답니다.

"뭘 그런 거 가지고 정색하고 그래. 그냥 장난이야 장난. 웃자고 그러는 건데 뭐 죽자고 달려드냐?"

그러더니 그 이후로도 아무렇지 않게 계속 그 별명을 불렀답니다. 그래서 영민이는 너무 힘들어 선생님께 이야기했습니다. 지훈이 때문에 너무 힘들다고요.

"지훈이는 재미로 장난으로 그렇게 했을지 모르지만, 지훈이가 꼭 알았으면 좋겠어요. 나한테는 그게 수치스러움이고 상처라는 걸. 그건 나에 대한 폭력이라는 걸 꼭 알려주고 싶어요."

어때요, 지훈이는 영민이 마음이 이해되나요? 영민이가 받았을 심리적 고통이 이해가 되나요? 아직도 별명을 좀 부른 것뿐인데 영민이가 예민하게 반응했을 뿐이라고 생각하나요?

단순히 별명을 부르는 것이 아닐 수 있습니다. 어쩌다 별명을 부르는 것이라면 모르지만, 그 별명이 누군가의 감추고 싶은 약점과 관련되어 있고, 상대방이 싫어한다는 것을 알거나 상대방이 하지 말라고 했음에도 지속적으로 상대방의 별명을 부르며 그를 웃음의 대상으로 만들지 않았나요? 그것이 상대방에게는 수치심과 모멸감 등의 심각한 심리적 고통을 줄 수 있습니다. 그리고 그것은 당연히 언어폭력에 해당합니다. 지훈이가 이제라도 이 사실을 알게 되었기를, 용기 있게 영민이에게 사과의 마음을 건넬 수 있기를 바랍니다.

친한 사이라면
욕도 괜찮을까

영철이의 하소연

"제 이름은 영철이고요. 최근에 힘겨운 일이 생겼어요. 같이 친하
게 지내던 지성이가 얼마 전 나를 학교폭력으로 신고했대요. 내가
자기한테 맨날 욕했다고, 정신적 피해를 봤다고요. 그 말을 듣고 너
무 놀랐어요. 나랑 친하게 지냈고, 놀면서 자연스럽게 나온 말이고,
친구라서 편하게 한 말인데, 다른 애들도 다 그런 말을 하는데 학교
폭력이라니요! 정신적 피해를 입었다니요! 진짜 힘든 건 지성이를
친구로 생각했다는 거예요. 그런데 지성이는 아니었나 봐요. 그게
너무 놀랍고 충격이에요. 지성이에게 무엇을 그렇게 잘못한 걸까요?
지성이는 왜 그렇게까지 한 걸까요? 아직도 모르겠어요."

지성이의 행동이 이해되지 않나 보군요. 심지어 지성이에게 배신
감을 느끼는 것 같아요. 지성이가 왜 영철이를 학교폭력으로 신고했

는지, 왜 그렇게까지 했는지 알아볼까요?

먼저, 욕 혹은 욕설이 무엇인가요? 놀다가 자연스럽게 나오는 말이고, 친구라서 편하게 쓴 말이며, 다른 애들도 다 쓰는 말이라고 하는데, 과연 욕이 그런 건가요? 욕설의 사전적 의미는 '남을 모욕하거나 저주하는 말'이에요. 즉 누군가에게 욕을 한다는 것은 그 사람을 모욕하거나 그 사람에게 저주를 퍼붓는 것이죠. 모욕한다는 것은 감정적 표현을 사용해 사람의 사회적 명예를 실추시키는 것이고, 저주는 누군가를 해롭게 하려고 재앙이나 불행한 일이 일어나도록 비는 것을 의미합니다.

즉 우리가 누군가에게 욕을 한다는 것은 감정적 표현을 사용해서 그 사람의 사회적 명예를 훼손하는 것이며, 그 사람을 해롭게 하려고 그 사람에게 재앙이나 불행한 일이 일어나도록 비는 것을 의미합니다.

누군가에게 욕을 한다는 것

욕설이 친구와 놀면서 자연스럽게 쓰는 말이고, 편한 친구에게 쓰는 말이며, 누구나 쓰는 말이라고 생각하나요? 영철이도 지금까지 욕설이 무엇인지 몰랐겠지만, 욕설은 결코 그런 좋은 의미로 쓰는 말이 아닙니다. 영철이도 지성이를 모욕하거나 저주하려고 그런 것은 아닐 테지요. 그럼 왜 그동안 지성이에게, 그리고 다른 친구들에게 자연스럽게, 친근감 있는 것처럼 욕설을 사용했을까요? 그것은 그동안 욕설이 가지는 '의미'와 '부정적인 효과'를 알지 못한 채, 그것을 잘못 배워 '습관적'으로 사용했기 때문일 거예요.

혹시 다른 사람에게서 욕을 들어본 적이 있나요? 아마도 주위의 친구, 선배, 어른으로부터 욕을 들어본 적 있을 거예요. 그때 기분이 어땠나요? 자연스러운 말이라고 넘겼나요? 상대가 내게 친근감을 표시하는 것으로 생각했나요? 기분이 좋았나요? 그렇지 않았을 거예요. 기분이 나쁘고, 화가 나고, 불쾌하고, 나아가 마음이 아팠을 거예요. 더구나 그런 욕을 나와 가까운 사람에게서, 내가 좋아하고 사랑하는 사람에게서 들었다면 몹시 마음 아팠을 테고, 마음에 상처가 났을 것이며, 자존감도 많이 떨어지고, 심지어 좌절감과 우울감에 빠졌을지도 모릅니다.

그렇습니다. 욕은 그런 것입니다. 욕설은 그 자체가 부정적인 의미를 지니기 때문에 그 상대방에게 부정적인 효과를 줍니다. 타인을 아프게 하고, 타인의 마음에 상처를 주고, 타인의 존재 가치와 자존감을 무너뜨립니다. 그 부정적인 효과는 그 사람이 나와 가까운 사람일수록 더욱 커집니다.

지성이도 그랬을 겁니다. 자기와 자주 함께 지내는 친한 친구로부터 매번 욕설을 듣는 마음이 어땠을까요? 듣기 싫고, 불쾌하고, 기분 나쁘고, 마음에 상처를 입었을 겁니다. 그런 상황이 매번 반복되고 이어졌다면 어느 순간 같이 놀고 싶지 않았을 겁니다. 관계를 끊고 싶었을 겁니다. 그 친구로부터 도망치고 싶겠지요. 영철이가 변하지 않는다는 것을 알게 된 지성이가 그런 부정적인 상황과 감정에서 벗어날 방법은 그것밖에 없으니까요.

이처럼 욕설은 다른 사람에게 정신적 피해를 주기 때문에 많은 경우에 학교폭력에 해당하고, 때로는 모욕죄에 해당해 형사처벌의 대상이 되기도 합니다.

어떤가요? 자기 행동이 잘못되었다는 것을 이해했을까요? 타인에게, 친구에게, 나와 가까운 사람에게 욕을 한다는 것이 어떤 부정적인 의미와 효과를 가지는지, 지성이가 영철이를 배신한 것이 아니라 영철이가 자신을 친구로 대한 지성이의 마음을 배신한 것이라는 것을, 결국 영철이는 자신의 말로 인해 소중한 친구 지성이를 잃었다는 것을 이제라도 깨닫기를 바랍니다.

꽃으로도 때리지 말라

혹시 '꽃으로도 때리지 말라' 라는 말을 들어본 적이 있나요. 이 말은 배우 김혜자 씨가 아프리카 봉사활동을 하며 겪고 느낀 점을 글로 쓴 책의 제목입니다. 이 책은 가난과 질병으로 고통받는 아프리카 아이들의 이야기와 그 아이들에게 우리의, 세상의 관심과 사랑,

도움이 필요함을 기록하고 있습니다.

'꽃으로도 때리지 말라'는 어떤 의미일까요? 꽃은 예쁘고 좋은 것입니다. 때린다는 것은 나쁘고 상대에게 고통을 주는 행위입니다. 꽃으로 때리면 아프지 않을까요? 꽃으로 때려도 상대방은 아픕니다. 이 말은 아무리 좋은 것으로라도 상대에게 고통을 주지 말라는 의미이고, 아무리 좋은 명목이라도 상대에게 고통을 주는 것이라면 그것은 좋은 것이 아니라는 뜻 아닐까요. 그 어떤 이유로도 아이들을, 상대방을 아프게 하지 말고, 사랑하고 존중하라는 말이 아닐까요.

《꽃으로도 때리지 말라》는 가난과 질병, 굶주림으로 고통받는 아프리카 아이들에 관한 책이지만, 제목 자체가 가지는 의미는 영철이뿐만 아니라 우리 학생들의 언어 습관, 친구 관계에서도 많은 것을 시사합니다. 아무리 가까운 사이라도, 아무리 친한 친구에게라도 함부로 말을 하지 말아야 합니다. 아무리 좋은 의의나 좋은 의도라도 욕설을 사용하지 말아야 합니다. 어떤 상황에서도 부정적인 말을 하지 말아야 합니다. 누구에게라도 공격적인 말을 해서는 안 됩니다. 그런 말은 상대를 아프게 하고, 친구와 나의 관계를 끊어지게 합니다. 결국 나와 친구, 우리 모두를 아프게 합니다.

타인을 존중해야 합니다. 친구일수록, 가까운 사이일수록 더욱 존중해야 합니다. 늦지 않았습니다. 조금씩 존중과 사랑, 긍정의 말을 배워야 합니다.

내 것과 네 것의
경계선

"이제 와서 빼앗긴 거라니"

2학년에 올라와 같은 반이 되면서 호영이와 알게 되었다는 경수. 활발하고 리더십도 있는 편이어서 주변에 친구가 많이 모이고 관계를 이끄는 편인 경수와 달리 호영이는 내성적이고 조용한 친구였습니다.

처음에는 그렇게 가까이 지내지 않았는데, 언제부터인가 호영이가 먹을 것도 사서 가져다주고 하면서 호감을 표현했답니다. 그래서 조금씩 호영이와 어울리게 되었습니다. 호영이는 내성적이고 소극적이다 보니 경수가 주로 관계를 이끌었고, 호영이도 별말이 없고 해서 경수는 서로 잘 지낸다고 생각했습니다.

그런 어느 날 선생님이 경수를 불렀습니다. 호영이가 경수를 학교폭력으로 신고했답니다. 경수가 자기 신발, 바람막이 점퍼 등을 가져가고 게임 아이템을 빼앗아 갔답니다. 경수도 일부 인정합니다. 몇 번 호영이 신발, 옷을 빌려 간 적이 있으니까요. 하지만 경수는 그건 빼앗은 게 아니라 호영이한테 빌린 거랍니다. 빌려서 좀 쓰다 돌려주었고, 게임 아이템도 빼앗은 게 아니라 같이 게임을 하면서 호영이가 보내준 거랍니다. 그래서 경수는 억울합니다.

"아니, 이제 와서 그걸 빼앗긴 거라니요? 너무 억울해요! 제가 친구인 호영이에게 잠시 빌려 쓴 것뿐인데요."

정말 빌린 게 맞을까

경수의 마음도 충분히 이해가 됩니다. 친한 친구끼리 서로 물건을 빌려주기도 하고 바꿔 사용하기도 하니까요. 그렇게 친구 관계에서 물건을 빌려 쓰는 것을 학교폭력이라고 할 수는 없겠죠. 그런데 호영이에게 정말 빌린 것이 맞나요? 호영이가 경수의 생각처럼 그 물건들을 흔쾌히 빌려준 걸까요? 호영이의 이야기를 들어볼까요?

"경수랑은 2학년 올라와 같은 반이 되면서 알게 되었어요. 저는 내성적이고 소극적이라 원래 친구들이 많지 않고 혼자 지내는 시간이 많았어요. 그런데 경수는 활발하고 운동도 잘하고 리더십이 있는지 주변 친구도 많고 친구들을 이끌더라고요. 저는 그런 경수가 부럽고 좋아 보였어요. 그래서 경수랑 친하게 지내고 싶어 매점에서 과자,

음료수 등을 사다 주며 다가갔어요. 그러다 보니 경수랑 조금씩 친해지더라고요. 같이 쉬는 시간에 매점도 가고, 경수랑 핸드폰 게임도 하면서 어울렸죠.

그런데 경수는 저랑 매점에 가거나 PC방에 가서 게임을 하거나 같이 놀 때 돈을 한 번도 내지 않고 맨날 저에게 돈을 내라고 하는 거예요. 사실 저도 부모님께 용돈 받고, 친척들에게서 용돈 받은 것을 모은 건데 계속 그러니 조금 마음이 상하더라고요.

그러다 어느 날 제가 학교에 엄마가 생일선물로 사준 골든구스 신발을 신고 갔는데, 그걸 보더니 경수가 너무 탐내면서 자기도 신어보자고 하더니 제가 그러라고 하지도 않았는데 막 신어 보는 거예요. 그러고는 자기 발에 딱 맞는다면서 일주일만 자기가 빌려 신고 돌려주겠다고 하더라고요. 안 된다고, 엄마가 생일선물로 사준 지 얼마 안 된 거라고 했는데 막무가내로 '에이 조금만 신어보고 금방 돌려줄게.' 하면서 그냥 신발을 가져가더라고요.

저는 진짜 주기 싫었는데 경수가 그렇게 막무가내로 나오니까 제가 강하게 싫다고 하기가 어려웠어요. 제가 좀스러운 사람이 되는 것 같기도 하고, 거기서 너무 정색하면 경수랑 사이도 틀어질 것 같기도 해서 더 적극적으로 거절하지 못했어요. 그러더니 경수는 한 달이 넘게 신발을 신고 나서 돌려주었고요. 새 신발, 그것도 엄마가 어렵게 사준 신발을 제가 거의 신지도 못했는데 경수가 한 달 넘게 막 신고 다니던 신발을 받으니 너무 속상했어요.

그 이후에도 그런 비슷한 일이 몇 번 반복되는 거예요. 제가 용돈 모아 어렵게 마련한 바람막이 점퍼, 티셔츠도 그런 식으로 가져가서 사용하더니, 이제는 같이 게임을 하면서 자꾸 제게 아이템을 사서 보내주라는 거예요. 거절하기 힘들어 한두 번 보내줬더니 계속 그러더라고요. 계속 그런 일이 반복되다 보니 그제야 깨달았어요. 경수는 나를 친구로 생각하는 게 아니구나. 경수는 나를 '호구'로 여기는구나 싶었죠. 그동안 내가 친구라고 생각했던 경수가 나를 그렇게 대하고 있었다는 사실을 알자 너무 화가 나고 억울하고 수치스러운 마음까지 들더라고요.

저는 경수가 자기가 무엇을 잘못했는지 이번 기회에 꼭 알았으면 해요. 누구에게도 그런 식으로 대하면 안 된다는 사실을, 누구도 그런 취급을 받아서는 안 된다는 사실을, 누구도 친구를 그렇게 대하지는 않는다는 사실을 꼭 알려주고 싶어요."

상대방의 진정한 동의가 없을 때

어때요? 호영이의 마음이 이해가 되나요? 지금도 호영이가 빌려준 것이라고, 그저 빌린 것뿐이라고 생각하나요?

경수의 행동은 '강요'로 학교폭력으로 평가될 수 있습니다. 강요란 '폭행 또는 협박으로 타인의 권리행사를 방해하거나, 의무 없는 일을 하게 하는 행위'를 의미하며, 그에 해당하면 형법에 따라 처벌을 받는 범죄에 해당합니다. 우리 학교폭력예방법 역시 강요로 다른 사람에게 신체적. 재산적, 정신적 피해를 주는 경우를 학교폭력으로 규정하고 있습니다. 특히, 학교폭력예방법에 따른 강요는 형법과 달리 반드시 폭행 또는 협박이 수반되지 않는 경우라도 일정한 경우 학교폭력으로 평가될 수 있습니다.

비록 경수가 호영이의 물건을 빌리고 아이템을 받을 때 명백한 폭행이나 협박을 사용하지 않았더라도 호영이가 거절 의사를 표시함에도 불구하고 이를 무시한 채 물건을 가져간 점, 호영이와 관계에서 경수가 사실상 우월한 지위에 있는 것을 이용한 점, 그런 행동이 여러 차례 반복된 점 등을 고려하면, 경수의 행동을 단순히 호영이의 물건을 빌린 행위로 학교폭력이 아니라고 단정할 수는 없을 것입니다.

경수가 가장 잘못한 것이 무엇일까요? 그것은 경수가 호영이를 진정한 친구로 대하지 않았고, 호영이를 존중하지 않았다는 것이며, 호영이의 마음을 이용했다는 것입니다. 물론 경수도 처음부터 호영이를 이용하거나 그렇게 수단으로 대하려고 했던 것은 아닐 것입니다. 그런데 어느 순간 경수는 호영이의 선의, 호영이가 자신과 가까워지려는 마음, 호영이의 소극적이고 내성적인 성격을 이용했고, 어느새 호영이는 친구가 아니라 '물주', '호구'가 되어 있었으며, 막 편하게 대해도 되는 친구가 되었을 것입니다.

경수가 자신은 그럴 의도는 아니었다고, 그런 목적은 없었다고 항변할지 모르지만, 아마 경수 자신도 사실 그런 자기 마음을 어느 정도 알고 있었을 것입니다. 그런 것을 어려운 말로 '미필적 고의'라고 합니다. 비록 경수가 호영이를 물주, 호구로 대할 의도나 목적으로 호영이와 어울린 것은 아니지만, 적어도 자신이 호영이를 막 대하고 이용한다는 사실을 인식하면서도 그런 행위를 큰 거리낌 없이 계속 반복했던 것인데요. 그런 경수의 행동을 학교폭력의 관점에서 '미필적 고의에 의한 강요'라고 평가할 수 있습니다.

아무도 누군가의 수단일 수 없다

무엇을 잘못했는지 알았나요? 호영이의 상처가 이해가 되나요?

사람은 누구나 존재 자체로 소중하고, 누구에게든 존중받아야 합니다. 하물며 친구, 가족과 같이 가까운 사람들로부터는 더욱 존중받아야 합니다. 자신의 가장 소중한 사람들로부터 존중받지 못한다면, 경수의 마음은 어떨까요? 지금 호영이의 마음이 그렇습니다. 호영이는 자신이 친하게 지내고 싶었던, 친구라고 믿은 경수로부터 자신이 존중받지 못했다는, 자신이 그저 수단으로 이용당했다는 사실에 큰 상처를 입고 아파하고 있습니다.

경수가 이제라도 그런 호영이의 마음을 이해했다면, 무엇보다 우선 호영이에게 내가 잘못했다고, 미안하다고, 내가 너를 존중하지 못했다고, 앞으로는 친구로 존중하고 아끼는 마음으로 대하겠다고 진심으로 사과하고, 진정한 친구로 다가가길 바랍니다.

빌려준 돈을
받았을 뿐이에요

돈 갚으라고 몇 차례 요구했는데도

"저는 성민인데요. 얼마 전에 황당하고 억울한 일을 당했어요. 제가 얼마 전에 몇 번 준우에게 돈을 빌려주었는데, 준우가 자꾸 빌려간 돈을 갚지 않는 거예요. 그래서 준우에게 돈을 갚으라고 몇 차례 요구했고, 그래도 준우가 갚지 않아 게임 아이템, 옷, 야구 글러브로 대신 받았어요. 그런데 며칠 전 갑자기 준우가 저를 학교폭력으로 신고한 거예요. 자기가 갈취를 당했다고 하는 것 같아요. 아니 제가 돈도 빌려주었고, 갚지 못한 돈 물건으로 대신 받아주었는데 감사는 커녕 신고라니요. 너무 황당하고 억울해요."

성민이가 많이 억울한가 보군요. 성민이는 '내가 빌려준 돈을 돌려달라'고 하고, 물건 등으로 대신 받은 게 무슨 문제냐는 생각인 것 같아요. 과연 그럴까요?

성민이 말처럼 '내가 빌려준 돈 받은 것뿐'이니 아무런 문제가 없을까요? 성민이는 혹시 불법추심이라는 말을 들어보았나요? 혹시 영화, 드라마, 웹툰 등에서 사채업자, 폭력배 같은 인물이 돈을 빌린 사람을 협박하고 폭력을 써서 돈을 받는 장면을 본 일이 있나요? 그때 어떤 느낌이 들었나요? 그 사채업자라는 인물이 정당해 보였나요? 아니면 불법적이고 폭력적으로 보였나요?

그렇습니다. 성민이가 느낀 것처럼 그 사람의 행동은 불법이고 폭력이며 범죄입니다. 사회는 그것을 불법추심이라 부르고, 우리 법률은 그와 같은 행위를 불법으로, 범죄로 규정하고 있습니다. 내가 누군가에게 돈이나 물건을 빌려주는 등으로 그 돈 혹은 물건을 되돌려 받을 권리가 있다고 해도 상대방의 자유로운 의사에 의하지 않고 되돌려 받는 과정에서 폭행, 협박 등의 행위가 수반되었다면 그 행동은 공갈, 갈취로 범죄이자 학교폭력에 해당합니다.

따라서 성민이가 준우에게 빌려준 돈을 받은 것이라고 해도, 만약 그 과정에서 준우에게 폭행을 행사하거나 협박을 하는 등의 행위를 통해 준우의 의사에 반해 준우의 게임 아이템, 옷, 신발 등을 가져간 것이라면 성민이 행동은 갈취라는 유형의 학교폭력에 해당합니다. 쉽게 말하면 그것은 자기 돈을 되돌려 받은 것이 아니라 남의 돈, 물건을 빼앗은 것이라는 거예요.

부모님이 알까 두려웠어요

준우는 성민이와 학교 친구입니다. 원래 성민이와는 그렇게 친하지는 않았답니다. 몇 번 온라인 게임을 같이 하면서 사귀었는데, 친구들에게 들으니 성민이가 친구들에게 돈을 잘 빌려준다고 하더랍니다. 돈이 필요한 애들에게 돈을 빌려주고 이자를 쳐서 돈을 돌려받는다고.

"처음에는 그런가 보다 하고 관심이 없었는데, 어느 날 갑자기 돈이 필요해졌어요. 친구들이랑 학교에서 점심시간이나 쉬는 시간에, 아니면 학교 마치고 핸드폰 게임을 같이 하는데요, 이게 하다 보니까 어느 순간 아이템을 사지 않으면 게임을 이길 수 없는 거예요."

친구들은 게임 아이템을 사서 레벨이 높아지는데 준우는 계속 지면서 레벨이 오르지 않으니 친구들이 자꾸 팀을 하지 않으려고 했답니다.

"흔히 '팀플'을 해야 하는 게임인데, 친구들이 레벨 낮다고 저랑 팀을 하지 않으려 하니 저만 왕따처럼 되었어요. 그래서 게임 아이템을 사고 싶었는데, 저희 부모님은 게임 아이템을 절대 사주시지 않고, 용돈도 많이 주시지 않아서 게임 아이템을 살 수가 없는 거예요. 그러다 성민이 이야기가 생각났어요. 성민이가 돈을 빌려준다는 이야기요."

그래서 성민이한테 이야기하고 돈을 빌려 게임 아이템을 샀습니다. 친구들과 같이 게임을 하니 너무 좋았지요. 그런데 자꾸 '현질'을 해서 아이템을 사지 않으면 계속 좇아갈 수가 없습니다. 그러다 보니 몇 번 더 성민이에게 돈을 빌렸지요. 처음에는 용돈을 받아 갚았는데 자꾸 빌리다 보니 용돈으로 다 갚지 못했고, 심지어 이자까지 붙어 점점 더 용돈으로 갚을 수 없는 돈이 되어버렸습니다.

"돈을 갚지 못하니까 성민이가 자꾸 재촉하더라고요. 문자로, 카톡으로, DM으로 아무 때나 연락해서 돈 갚으라고 하고, 돈 갚지 않으면 친구들한테 다 소문낸다고 하더라고요. 심지어 제가 게임 아이템 산다고 돈 빌린 것을 우리 형한테 말해서 받는다고 하더니, 어느 날은 우리 아버지 가게에 찾아간다고까지 하더라고요. 가서 다 말하고 받겠다고요."

준우는 그때부터 너무 불안하고 걱정되어 잠이 오지 않았습니다. 부모님이 아시면 얼마나 혼날지, 특히 화내시면 진짜 무서운 아빠를 생각하니.

"그런데 어디서도 돈을 구할 수 없었어요. 아직 어려 아르바이트도 하지 못하니까요. 계속 돈을 갚지 못하니까 성민이가 찾아왔어요. 돈을 갚지 못했으니까 네 물건으로 대신 받겠다고요. 그래서 어쩔 수 없이 주었어요. 그거라도 주지 않으면 성민이가 진짜 형이나 아버지에게 이를 것 같아서요. 그렇게 성민이가 게임 아이템과 바람막이 점퍼를 가져갔어요. 너무 눈물이 나더라고요. 그동안 빌린 돈으로 산 게임 아이템, 부모님을 졸라서 산 바람막이 점퍼, 진짜 아끼는 야구 글러브까지 성민이에게 다 빼앗긴 거잖아요. 엄마한테 점퍼하고 야구 글러브는 잃어버렸다고 거짓말하고 엄청 혼났어요."

그때는 몰랐는데 생각해보니 너무 괘씸하고, 알고 보니 준우뿐만 아니라 다른 친구들도 그런 식으로 성민이에게 당한 적이 있답니다. 어떤 애는 갚는다고 몰래 부모님 핸드폰으로 게임 머니, 아이템 결제까지 하고…….

"그래서 성민이를 신고했어요. 잘은 모르지만, 성민이 행동은 분명히 나쁜 행동이고 벌을 받아야 한다고 생각했거든요. 앞으로 다른 애들이 더 당하지 않았으면 좋겠다는 마음도 있었고요."

돌려받은 것이 아니라 빼앗은 것

어떤가요? 성민이는 지금도 본인이 억울한가요? 여전히 자신이 빌려준 돈을 되돌려 받은 것뿐이라고 생각하나요? 성민이는 자기 돈을 되돌려 받은 것이 아닙니다. 성민이는 준우의 게임 아이템, 바람막이 점퍼, 야구 글러브를 빼앗은 겁니다. 준우가 스스로 원해서 그 물건들을 돈 대신 갚은 것이라면 어떨지 모르지만, 준우에게 자꾸 연락해서 돈을 갚으라고 재촉하고, 갚지 않으면 친구들에게 소문내겠다고, 형이나 아버지에게 이르겠다고 위협해 그에 두려움을 느낀 준우로부터 그 물건들을 받은 것이라면 성민이의 행동은 공갈, 갈취로 학교폭력에 해당합니다.

우리 법은 왜 그와 같은 행동을 불법으로, 범죄로, 학교폭력으로 규정할까요? 그것은 성민이에게 질문했던 것과 같이 영화, 드라마, 웹툰 등에서 본 사채업자, 폭력배 등의 모습을 보면 쉽게 이해할 수 있을 것 같아요. 성민이가 영화 등에서 본 그들의 행동이 어떻던가요? 그들의 행동으로 인해 그 상대방, 가족이 어떻게 되던가요?

그들은 돈을 빌린 사람이 돈을 갚지 않으면 계속 전화하고 집으로, 직장으로 찾아와 압박합니다. 집, 사업장에 들어와 행패를 부리며 물건을 부수기도 합니다. 때로는 마구 때리는 등으로 폭행하기도 합니다. 심지어 장기를 팔라고 장기 기증 서약서 같은 문서를 쓰게 하기도 합니다. 더 심하게는 불법으로 장기를 팔게 합니다. 단지 영화, 드라마, 웹툰일 뿐이라고요? 그렇지 않습니다. 영화, 드라마, 웹툰은 현실의 반영입니다. 실제로 많은 사람이 불법추심과 그 과정에서 이루어지는 협박, 폭행 등으로 고통받고 있습니다. 그렇기에 우리 법은 그런 행동을 공갈, 갈취라는 범죄로 규정해 처벌하는 것입니다.

그와 같은 행동을 제재하지 않는다면, 처벌하지 않는다면, 빌려준 돈을 받는 것이라 하여 정당하다고 한다면 우리 사회는 어떤 일이 발생할까요? 아마도 많은 사람이 영화, 드라마, 웹툰에서 본 것보다 잔인하고 끔찍한 상황을 겪을 것입니다. 자신의 돈을 돌려받기 위해 어떤 일을 할지 모릅니다. 성민이는 셰익스피어의 희곡 〈베니스의 상인〉을 보거나 그 내용을 들어본 적이 있나요. 우리 법이 그런 행동을 합법이라고 본다면, 어쩌면 우리는 이 작품에 등장하는 고리대금업자 샤일록과 같은 사람을, 안토니오가 겪는 상황을 흔하게 목격할지도 모릅니다.

우리가 〈베니스의 상인〉에서 읽는 것

〈베니스의 상인〉에서 안토니오는 친구의 부탁을 받고 친구를 위해 고리대금업자 샤일록에게서 큰돈을 빌립니다. 그리고 돈을 기한 내에 갚지 못하면 안토니오의 살 중 심장에 가까운 살 1파운드로 대신 갚는다는 증서를 씁니다. 그런데 안토니오는 기한 내에 빌린 돈을 갚지 못하게 됩니다. 그러자 샤일록은 약속대로 안토니오의 심장에 가까운 살 1파운드를 도려내겠다고 합니다. 이 작품은 이를 둘러싼 재판의 진행으로 전개됩니다. 너무 터무니없는 내용인가요? 그렇지 않습니다. 얼마든지 발생할 수 있는 이야기입니다.

만약 우리 법이 개인이 자신 마음대로 돈을 돌려받는다는 명목으로 타인의 재산, 신체, 생명을 빼앗아 갈 수 있게 한다면 우리 사회는 무법천지가 될 것이고, 사회 구성원의 생명과 신체, 재산의 안전은 보장되지 않을 것입니다. 그래서 우리 법은 개인의 생명, 신체, 재산의 안녕을 보장하기 위해 그런 불법추심을 범죄로 규정하고 금지하는 것입니다.

어때요? 이제 성민이도 자신이 무엇을 잘못했는지 이해되었나요? 너무 비약한 것 아니냐고요? 글쎄요. 그럼 성민이 스스로 생각해봐요. 만약 준우가 계속 돈을 갚지 않았다면 성민이는 어떻게 했을 것 같나요? 그냥 돈을 포기했을까요? 아니겠죠. 돈을 받기 위해 독촉도 더 잦아지고, 말과 행동도 점점 과격해졌을 것입니다. 다른 친구들에게 했던 것처럼 부모님 돈을 몰래 가져오라고 하거나, 부모님 핸드폰으로 계좌이체, 아이템 결제, 게임머니 결제를 하도록 했을 것입니다. 그것도 안 되면 마구 때렸을지도 모릅니다. 다른 친구의 돈을 훔쳐 오게 했을 수도 있습니다. 또 어떤 잘못을 했을지 모릅니다.

성민이의 행동을 계속 놓아둔다면 성민이는 더 큰 잘못을 아무 거리낌 없이, 죄책감 없이 하게 되겠죠. 어쩌면 이미 그런 것일 수도 있고요. 성민이가 이제는 알았기를 바랍니다. 자신의 행동이 준우와 친구들에게 얼마나 큰 고통을 주는 행동인지를, 자신의 행동이 결코 용납될 수 없는 행동이라는 것을 이제라도 깨닫기를 바랍니다.

도박,
시작은 쉬워도 끊을 수 없는

친구들이 부러워 시작한 일

창규는 요즘 너무 걱정이 많아 잠이 오지 않는답니다.

"어떻게든 제 손으로 해결하려고 하는데 도저히 해결되지 않고, 해결하려고 하면 할수록 점점 더 수렁에 빠져드는 것 같아요."

무슨 문제 때문에 그러는 걸까요?

"사실 제가 얼마 전부터 핸드폰으로 모바일 도박을 했어요. 처음부터 도박에 관심을 가졌거나 하려고 했던 것은 아닌데 우연히 접했어요. 학원 등에서 종종 보는 애들이 있는데, 그 친구 중 몇 명이 언젠가부터 비싼 신발, 비싼 옷을 입고 다니더라고요. 핸드폰도 최신 아이폰 기종으로 바꿨다고 하고, 애플 워치도 차고 있고, 흔히 말하듯이 간지 나는 최신 아이템들을 막 가지고 다니더라고요."

창규는 그런 친구들이 너무 부러워 부모님이 사주셨냐고 물어보니, 아니라고 하더랍니다. 부모님이 그런 걸 사주겠냐면서, 창규도 금방 쉽게 살 수 있다고 하더랍니다. 자기들 말대로만 하면 금방 살 수 있을 거라고. 돈을 금방 쉽게 버는 방법이 있다고요.

"나도 하겠다고 알려주라고 하니, 그 친구들이 사이트 몇 군데에 일단 가입하라고 하더라고요. 사이트에 가입만 하면 무료로 돈도 충전해줘서 돈 없이 시작할 수 있다고요. 그렇게 애들이 알려주는 사이트에 가입했더니 정말로 돈을 공짜로 충전해주더군요."

가입하고 보니 인터넷 도박 사이트로, 어렵지 않아서 간단한 게임처럼 하는데 금방 결과가 나오고 운 좋으면 금방 돈도 벌었답니다. 번 돈으로 가지고 싶었던 신발을 사니까 너무 좋았겠지요. 하지만 그때부터 욕심이 생기기 시작했습니다.

"돈을 더 넣으면 더 많은 돈을 금방 벌 수 있을 것 같았어요. 그렇게 시작된 것 같아요. 스스로 늪에 빠지기 시작한 게. 돈이 필요한데 용돈은 부족하니까 주변 친구들에게 여기저기서 돈을 빌렸어요. 그런데 처음처럼 쉽게 돈이 잘 벌리지 않았어요. 가끔 이겨서 벌기도 했지만, 그 돈으로 다시 도박 게임을 하다가 잃고, 그렇게 반복하다 보니 돈은 금방 사라졌고, 주변 친구들에게는 이제 돈 빌릴 곳이 없어서, 처음 도박 사이트를 알려준 애들에게서 돈을 빌렸어요. 그 친구들은 돈이 많아서, 돈 빌려주고 대신 이자를 쳐서 받더라고요."

창규는 이자를 주더라도 도박에서 한번 잘 따면 그건 아무것도 아니라고 생각해서 큰 걱정 없이 빌렸습니다. 중간에 따면 갚기도 하고, 그러다 잃으면 또 빌리고……. 그러다 보니 어느새 빚이 많이 늘었습니다.

"이상하게 시간이 지나면 결국은 제 돈이 다 사라지고 없더라고요. 그렇게 빚은 늘었는데 갚을 돈은 없고, 부모님께 거짓말해서 돈을 받아내고 아르바이트를 해도 이자까지 늘어나니 빚이 줄지가 않았어요. 그 와중에 틈틈이 도박해서 또 잃은 돈도 제법 되고요. 제가 돈을 갚지 못하니까 처음 제게 도박 사이트를 알려주고 돈을 빌려준 아이들이 제게 방법을 하나 알려주더라고요. 사실 자기들도 그렇게 해서 돈을 버는데, 이게 진짜 금방 돈을 버는 방법이라고, 도박 게임처럼 돈 잃을 일도 없다고요."

하지만 할수록 빠져드는 곳

그 애들이 알려준 방법은 다른 친구들을 도박 사이트에 회원으로 가입시키는 것이었습니다. 알고 보니 요즘 애들 사이에 '총판'이라고 불리는 일인데, 도박 사이트에 새로운 사람을 회원으로 가입시키면 그 사람을 가입시킨 총판에게 얼마간의 돈이 지급될 뿐만 아니라 가입 이후 그가 돈을 충전할 때마다 그 금액의 몇 퍼센트씩 총판에게 지급되는 구조였습니다. 그러니까 그 친구들은 창규에게 했던 것처럼 여러 친구를 도박 사이트에 가입시키면서 그들이 사용하는 돈

일부를 계속 받아 왔던 겁니다.

"처음에는 와, 이런 신세계가 있나 했어요. 누군가 끌어오기만 하면 저한테 계속 돈이 생기는 거잖아요. 그래서 저도 총판 일을 하기 시작했어요. 학교 친한 친구들, 같은 반 친구들에게 그 사이트를 알려주고, 내가 도박하는 것을 보여주면서 쉽게 돈 벌 수 있다고 속이고, 내가 돈 벌어 샀다며 신발, 옷도 자랑하고 했어요. 그랬더니 한두 명씩 가입하더라고요. 친구들이 가입하고 나니 돈이 쉽게 벌렸어요. 그 친구들 가입할 때 받은 돈, 그 친구들이 쓸 때마다 나한테 떨어지는 돈을 합하니 상당히 되더라고요."

처음에는 너무 좋았답니다. 사고 싶은 것도 사고 먹고 싶은 것도 먹고 돈을 막 쓸 수 있었으니까요. 그런데 씀씀이가 커졌는지 금방 돈이 또 부족해졌습니다. 번 돈의 상당 부분은 다시 도박해서 잃기도 했고요. 그러다가 그 친구들처럼 애들에게 돈을 빌려주기 시작했어요. 돈을 빌려주고 이자를 받고, 돈을 갚지 못하면 돈 갚으라고 강요하고, 심지어 부모님에게서 가져오든 어디서 훔쳐 오든 가져오라고 닦달했지요.

"어떤 애는 정말로 훔쳐 오거나 중고나라에 사기를 쳐서 가져오더라고요. 심지어 인터넷에서 불법으로 돈을 빌려주는 곳도 알려주었어요. 거기서 빌려 내 돈부터 갚으라고. 저도 돈이 필요하니까 어느 순간 친구들한테 미안한 마음도 없어지더라고요. 그러면서도 새로운 아이들을 사이트에 가입시키려고 아는 후배들, 동생들까지 속이고, 닦달하고, 강요하고 그랬어요. 인스타그램, 페이스북 등을 통해 사람을 모집하기까지 했죠."

그런데 이상하게 그러면 그럴수록 돈이 더 없어졌다는 창규. 그렇게까지 하면서 돈을 벌려고 했는데 항상 돈이 부족했답니다. 돈을 쉽게 버는 만큼 쉽게 썼고, 결국 그 돈 대부분은 다시 도박으로 탕진했습니다.

"어느 순간 깨달았어요. 무언가 잘못되었구나. 벗어날 수 없는 수렁 같은 곳에 빠졌구나. 그런데 너무 늦은 것 같아요. 이미 제 주변에 친구는 아무도 남아 있지 않았고, 제가 갚아야 할 빚도 너무 많이 남아 있었어요. 게다가 얼마 전 제 친구들이 저를 학교폭력으로 신고까지 했고요. 자기들을 속이고, 금전을 갈취하고, 협박하고, 폭행했다고요. 그런데 아직도 도박 사이트를 자꾸 들어가게 되고, 총판 일도 잘 끊어지지 않아요. 이제 어떻게 해야 하는 걸까요? 어떻게 해야 이 수렁에서 벗어날 수 있을까요?"

끊을 수 없는 범죄의 고리

안타깝네요. 창규가 자신도 모르는 사이에 심각한 범죄의 수렁에 빠졌네요. 창규의 행동은 일부 학교폭력에 해당할 뿐만 아니라 소년 보호처분이나 심지어 형사처벌마저 받을 수 있는 여러 중대한 범죄에 해당합니다.

우선 창규의 행동은 도박죄, 그것도 상습도박죄에 해당할 가능성이 큽니다. 돈을 갚을 능력과 의사가 없는 상황에서 친구들에게 돈을 빌렸다면 사기죄에 해당합니다. 총판 일을 하며 친구들을 도박 사이트에 가입시킨 행위는 도박죄의 교사 혹은 방조에 해당합니다. 친구들에게 돈을 빌려준 행위는 대부업법 위반으로 처벌받습니다. 돈을 갚지 못하는 친구들에게 돈을 가져오라고 닦달한 행위는 협박, 폭행, 강요 등에 해당할 수 있고, 그런 방법을 통해 돈을 받으면 공갈죄에 해당합니다. 친구들에게 훔쳐서 갚으라거나 하는 행위는 절도의 교사범에 해당합니다. 남의 물건을 훔쳐 온 친구들은 절도죄, 중고나라에서 사기를 친 친구들은 사기죄에 해당합니다.

이처럼 이미 창규가 행한 범죄만 상습도박죄, 사기죄, 도박죄의 교사·방조, 대부업법 위반, 협박죄, 폭행죄, 강요죄, 공갈죄로 많고, 몇몇 친구들 역시 도박죄, 절도죄, 사기죄를 범했습니다. 창규의 이런 행위는 학교폭력예방법에 따라 학교폭력으로 조치를 받을 수 있지만, 나아가 소년재판을 통해 소년보호처분을 받을 수 있고, 형사재판을 통해 성인과 마찬가지로 형사처벌을 받을 수도 있습니다.

더 큰 문제는 창규와 같은 상황에 놓인 학생들이 거기서 그치지 않고 더 큰 범죄의 수렁으로 빠진다는 것입니다. 이미 창규와 그 친구들이 그랬던 것처럼 요즘 학생들 사이에서 무차별적으로 번지고 있는 인터넷·모바일 도박의 가장 큰 문제는 이 도박이 도박에만 그치지 않고 도박 자금을 마련하기 위한 더 큰 2차 범죄로 이어진다는 점이고, 그 범죄의 고리를 본인 스스로 쉽게 끊을 수 없다는 것입니다.

수렁 속으로 더 깊이 빠져든다면

창규와 창규 친구들이 그랬던 것처럼 많은 학생이 큰 고민 없이, 그것이 나중에 어떤 일로 번질지 알지 못한 채 가벼운 마음으로 소액으로 인터넷 · 모바일 도박을 접하게 됩니다. 처음에는 얼마간 돈을 벌 수 있을지 모릅니다. 애초에 그렇게 설계되어 있을 테니까요. 적은 돈으로 쉽게 몇 배가 넘는 많은 돈을 번 그 짜릿함을 경험한, 쉽게 번 돈으로 원하는 것을 사고 누린 그 달콤함을 맛본 그 친구들은 도박의 짜릿함과 달콤함을 잊지 못합니다. 언제든 처음처럼 자신의 능력으로, 혹은 운으로 그와 같은, 아니 더 많은 돈을 벌 수 있으리라 생각하고 기대합니다.

그러나 시간이 지나면 지날수록, 도박을 하면 할수록 잔고는 비어갑니다. 어느새 돈은 다 사라져버리고 없습니다. 그럴 수밖에 없습니다. 애초에 그렇게 설계되어 있으니까요. 문제는 그와 같은 사실을 깨닫지 못한다는 점입니다. 잃어버린 돈을 다시 회복하기 위해, 더 많은 돈을 벌기 위해 가능하지 않은 무모한 도전을 계속합니다. 그런데 돈이 어디에서 나올까요? 부모님에게서 받는 돈은 한계가 있습니다. 아르바이트를 해도 충분하지 않습니다. 그렇게 그들은 결국 불법의 세계에 발을 딛습니다.

처음에는 주저하지만 어느 순간 불법에 대한 저항감, 죄책감, 양심의 가책 등은 도박의 유혹과 쾌락 앞에 사라집니다. 도박을 하면 할수록 오히려 돈이 더 필요해지고, 어느 순간 빚의 수렁에 빠져 있으며, 점점 더 늪은 깊어져만 갑니다. 그렇게 더 큰 범죄로 나아갑니다. 친구들을 끌어들입니다. 돈을 빌려주며 이자를 받습니다. 돈을 갚으라고 협박, 폭행, 공갈을 합니다. 친구들과 주변 사람들에게 거짓말로 돈을 빌립니다. 남의 물건을 훔칩니다. 차량털이를 하고, 자전거·노트북·핸드폰 등을 훔쳐 팝니다. 중고나라 등에서 판매사기를 칩니다. 어린 학생들을 협박, 폭행해 돈을 빼앗습니다. 심지어 스스로 성매매를 하거나, 자신의 친구, 후배 등을 성매매시킵니다. 성매매 어플을 통해 성인을 유인해 신고를 빌미로 폭행, 공갈로 돈을 빼앗습니다.

그렇게 다시는 돌아올 수 없는 어둠의 길로 나아갑니다.

힘들어도 세상에 손을 내밀어야

우리 학생들이 도박을 접하고 그에 빠지면서 생겨나는 문제들은 매우 심각합니다. 그렇다면 어떻게 해야 창규와 친구들이 도박과 불법의 수렁에서 빠져나올 수 있을까요? 어떻게 하면 우리 학생들이 도박의 늪에 빠지지 않을 수 있을까요?

무엇보다 도박 자체에 대한 이해와 경계가 필요합니다. 도박이 얼마나 무서운 것인지, 도박 중독이 얼마나 헤어나기 힘든 것인지 알아야 합니다. 이 세상에 공짜 빵은 없다는 사실 역시 알아야 합니다. 정당한 노력 없이 쉽게 버는 돈은 불법임을 알아야 합니다. 그 불법에 맛을 들이면 어쩌면 다시는 정상적인 삶으로 돌아오지 못할 수도 있다는 사실을 알아야 합니다.

게임 등 어떤 형태, 어떤 명목으로 이루어지든 돈을 걸고 돈을 버는 방식의 도박은 애초에 접하지 말아야 합니다. 만약 이미 도박을 접했다면, 이미 도박에 빠졌다면 지금이라도 주위 어른들에게 도움을 청해야 합니다. 도박은 중독성이 매우 강합니다. 아무리 본인이 끊어보려고 해도 쉽게 끊어지지 않습니다. 본인 자신의 의지만으로는 그 늪에서 벗어나기 어렵습니다. 부모님, 선생님 등에게 사실을 알리고 도움을 청해 전문적인 치료를 받아야 합니다. 치료 및 재활을 통해 다시는 도박을 접하지 않도록 끊어내야 합니다.

창규와 친구들 역시 마찬가지입니다. 창규는 이미 도박 중독이 심한 것으로 보입니다. 하루라도 빨리 도움을 청하고 치료를 받아 어둠의 고리를 끊기 바랍니다.

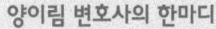

어떤가요? 일상 속에서 아무렇지 않게 장난으로 여겼던 행동, 습관처럼 해왔던 행동, 친구들 사이에서 흔히 주고받는 행동이 때로는 상대에게 큰 피해를 주는 학교폭력에 해당할 수 있다는 사실을 이제 알게 되었나요?

그저 장난이었다는, 친구 사이에서 한 행동이었다는, 다들 그런다는, 다 그러면서 크는 것 아니냐는 항변으로는 용서받지 못합니다. 내 행동의 의미를 나의 관점에서가 아니라 상대의 관점에서도 생각해볼 수 있으면 좋겠습니다. 내가 아무렇지 않게 한 행동이 누군가에게는 큰 상처가 될 수도 있다는 사실을 꼭 명심하길 바랍니다.

2장

SNS에서 생긴 일

무심코 보여준
사진 한 장

몰래 찍은 것도 아닌데

정우는 얼마 전 페이스북을 통해 어떤 여자애를 사귀었습니다. 처음에는 DM을 주고받으며 이야기하다 점차 친해졌죠. 그래서 전화하고, 영상통화를 했습니다. 학원에 다니며 시간이 많지 않다 보니 한두 번 정도밖에 만나지 못하고, 대부분 밤늦게 영상통화를 많이 했습니다.

그러다 어떻게 시작된 건지 여자애가 자기 사진을 보내주었답니다. 처음에는 약간 노출이 있는 사진이었는데, 그런 사진을 받으니 정우는 호기심이 생겨 보챘나 봅니다. 점점 수위가 높은 사진을 받고 동영상도 받았습니다. 정우도 자기 몸을 찍어 보냈고요. 그렇게 그 여자애랑 조금 만나다가 헤어졌습니다. 학원 때문에 바빠 점점 연락하지 않다 보니 자연스럽게 헤어진 것 같답니다.

그런데 얼마 전 갑자기 경찰서와 학교에서 연락이 왔습니다. 정우가 사진을 보낸 게 문제였습니다. 그 여자애와 잠깐 만나는 동안에 그 애가 보내준 사진과 동영상을 학교에서 보다가 친구인 현석에게 들켰는데, 현석이가 자기에게도 보내 달라고 보챘답니다. 현석이가 하도 졸라서 보내주었죠.

"그게 왜 문제되는 거죠? 제가 몰래 찍은 것도 아니고 스스로 찍어서 보내준 건데요. 그걸 현석이에게 보내준 게 왜 문제가 되는지 모르겠어요."

무심코 한 것이라도 범죄라면

정우가 무심코 큰 잘못을 했네요. 사실 정우뿐만 아니라 많은 학생, 아니 사실 성인들도 무심코 하는 행동이기도 합니다. 정우의 행동은 상대방에게 회복하기 어려운 심각한 피해를 주는 것으로 학교폭력에 해당할 뿐만 아니라 성폭력처벌법에 의해 아주 무겁게 처벌되는 성폭력 범죄에 해당합니다.

성폭력처벌법은 카메라 등의 장치로 성적 욕망 또는 수치심을 유발할 수 있는 사람의 신체를 촬영 대상자의 의사에 반해 촬영한 경우뿐만 아니라 촬영 대상자의 동의 아래 촬영했거나 촬영 대상자가 직접 자신의 신체를 촬영한 사진·영상물이라도 촬영 대상자의 동의를 얻지 않고 다른 사람에게 그 사진·영상물을 반포한 경우 7년 이하의 징역 또는 5천만 원의 벌금에 처한다고 규정하고 있습니다. 정우의 행동은 비록 그 여학생 스스로 촬영했다고 하더라도 타인에게 성적 욕망을 일으키게 하거나 그 여학생의 성적 수치심을 유발할 수 있는 사진·영상물을 당사자인 그 여학생의 동의 없이 다른 친구에게 전송해 반포한 것으로, 성폭력 범죄로 처벌되는 중대한 범죄에 해당합니다.

현석이는 아무런 죄가 없을까요? 아닙니다. 정우에게 사진과 영상을 보내달라고 하여 소지·저장하고 시청한 현석이 행동 역시 성폭력 범죄에 해당합니다.

성폭력처벌법은 앞서 살핀 촬영된 사진·영상물, 즉 타인에게 성적 욕망을 일으키게 하거나 촬영 대상자의 성적 수치심을 유발할 수 있는 사진·영상물을 타인으로부터 받아 소지·구입·저장·시청한 행위 역시 성폭력 범죄로 규정하고 3년 이하의 징역 또는 3천만 원 이하의 벌금에 처하도록 하고 있습니다.

만약 현석이뿐만 아니라 이 사진·영상물을 누군가로부터 전송받아 소지·저장·시청한 학생이 있다면 그 학생 역시 현석이와 마찬가지로 처벌되며, 단톡방 등에 올려 공유했다면 그 단톡방에 있는 모든 친구가 처벌받을 수도 있습니다.

그것이 정말 그가 바란 걸까

우리 법은 왜 그와 같은 행위를 심각한 범죄로 규정하고 아주 강한 처벌을 할까요? 무엇보다 그와 같은 행위는 피해자에게 심각한 정신적 고통을 주기 때문입니다. 비록 자신이 촬영한 사진이기는 하지만 어디까지나 그 여학생은 그 사진이 남자친구인 정우만 보기를 원했습니다. 정우가 자신의 남자친구이기에 그와 같은 사진을 보여주어도 좋다고 생각했을 것입니다.

그 여학생이 과연 자신의 남자친구가 아닌 다른 사람에게 그 사진·영상이 보이기를 원했을까요? 그 여학생은 아마도 그 사진이 다른 사람들에게 반포되어 자신이 누군가의 성적 욕망의 대상이 되거나 혹은 조롱의 대상이 된다고 꿈에도 생각하지 못했을 것입니다. 자신도 모르게 자신이 다른 사람의 성적 욕망의 대상이 되거나 조롱의 대상이 된다면 그 사람이 느낄 수치심, 모멸감 등의 정신적 고통은 어떠할까요? 더구나 대체 누구에게까지, 언제까지 자신의 그 사진·영상이 전파될지 모르고, 그 자신이 그걸 통제할 수 없다면 어떨까요? 그 여학생은 끝이 없는 고통에 시달려야 할지도 모릅니다.

어때요? 이제 이해되나요? 본인이 무심코 한 행동이 그 여학생에게 얼마나 큰 고통을 주었는지를, 그 행동이 그 여학생을 언제 끝날지 모를 고통의 굴레 속으로 밀어 넣을 수도 있다는 사실을 이해했나요?

최근 이와 같은 사례가 빈번히 발생합니다. SNS와 사진, 동영상 촬영에 익숙한 우리 학생들이 서로 사귀거나 관심을 갖고 알아가는 과정에서 청소년기의 성적 호기심으로 서로 자신의 신체 부위를 촬영한 사진을 주고받는 일이 흔히 일어납니다. 그런데 당시에는 전혀 예상하지 못한 방식으로 사진·영상이 타인에게 유출되어 촬영 대상자가 오랫동안 심각한 정신적 피해에 시달리는 경우가 많습니다.

사진·영상의 가장 큰 특징과 무서움은 복제의 용이성과 전파성입니다. 즉 누구나 스마트폰을 소지한 요즘에는 사진과 동영상을 쉽게 복제하고 타인에게 전송할 수 있으며, SNS가 발달한 요즘에는 그 전파의 범위가 얼마든지 확대될 수 있습니다. 세계 어느 곳에 있는 누구라도 그 사진을 볼 수 있죠.

우리 학생들이 순간의 호기심 혹은 애정으로 자신의 신체 부위를 촬영한 사진·영상을 누구에게라도 보내지 않기를 바랍니다. 그 사람이 남자친구라도, 사랑하는 사람이라도, 친한 동성 친구라도, 가족이라도 조심해야 합니다. 그 사람이 전파하지 않더라도 예측하지 못한 상황으로 인해 그 사진·영상이 타인에게 전파될 수 있고, 실제로 그와 같은 일이 많이 발생합니다. 그 이후 피해는 회복되지 않습니다.

그런 건 보고 싶지 않고 불쾌해요

단톡방에서 벌어진 일

희선이는 요즘 반 남자애 몇 명 때문에 너무 괴롭고 힘들어합니다. 다른 아이들과 이야기해보니 다들 희선이와 마찬가지랍니다. 다들 너무 기분 나쁘고 불쾌하고 혐오스럽답니다.

"다른 반들처럼 우리 반도 단톡방이 있어요. 반 친구들 모두 들어와 있고 선생님은 없어요. 선생님 있는 방이 따로 있는데. 아무래도 거기는 선생님이 계시다 보니 자유롭게 이야기할 수 없어 따로 아이들만 있는 단톡방이 생겼어요."

그 방에서 반장이 과제나 알림 사항을 알려주고, 편하게 이런저런 이야기도 오갑니다. 그런데 얼마 전부터 이상한 일들이 일어났습니다. 남자애 몇 명이 어디서 가져온 건지 여성의 신체 일부가 드러난 사진, 영상을 올리는 겁니다. 가끔은 자기들 상반신 탈의 사진도 올리고요. 그러고는 자기들끼리 킥킥거리고, 이상한 말도 하고…….

"저는 그런 사진을 보는 게 너무 불쾌하고 혐오스러워요. 심지어 몇 명은 너무 충격스러워 울기까지 했어요. 아직도 그 충격이 가시지 않았어요. 그래서 여자애들이 그런 것 올리지 말라고 몇 번이나 말했어요. 그런데도 그런 저희 반응에 더 신났는지 점점 더 수위가 높아지는 거예요."

이제는 희선이뿐만 아니라 다른 여자애들, 심지어 다른 남자애들까지 너무 힘들어합니다.

"단톡방이라 나가지도 못하고, 어떻게 해야 하나요?"

그것도 성폭력 범죄 중 하나입니다

희선이와 반 친구들이 너무 힘들겠네요. 보기만 해도 불쾌하고 혐오스러운 사진을 자신의 의사와 상관없이 보는 것은 정말 괴롭고 기분 나쁜 일이죠. 아마도 그 친구들은 자기들의 행위가 얼마나 심각하게 잘못된 행동인지 잘 모르는 것 같네요. 이번 기회에 그 친구들에게 그런 행위가 상대방에게 얼마나 큰 불쾌감과 정신적 피해를 주는지, 얼마나 큰 범죄인지 분명하게 알려줄 필요가 있겠어요.

사실 그 친구들뿐만 아니라, 많은 학생, 아니 사실 성인들도 잘 모르고 있는 게 있습니다. 그 친구들의 행동은 학교폭력에 해당할 뿐만 아니라 성폭력처벌법에 의해 처벌되는 성폭력 범죄에 해당합니다. 성폭력처벌법은 '자기 또는 다른 사람의 성적 욕망을 유발하거나 만족시킬 목적으로 전화, 우편, 컴퓨터, 그 밖의 통신매체를 통하여 성적 수치심이나 혐오감을 일으키는 말, 음향, 글, 그림, 영상 또는 물건을 상대방에게 도달하게 한 사람은 2년 이하의 징역 또는 2천만 원 이하의 벌금에 처한다'고 규정하고 있습니다.

희선이 반 친구들의 행동은 카카오톡이라는 통신매체를 통해 상대방에게 성적 수치심이나 혐오감을 일으키는 그림, 영상, 글 등을 도달하게 한 것으로, 성폭력 범죄로 처벌되는 중대한 범죄에 해당하며, 당연히 학교폭력에 해당합니다.

우리가 잊고 있는 성적 자기결정권

우리 법은 왜 이와 같은 행위를 성폭력 범죄로 규정하고 처벌할까요? 그와 같은 행위는 상대방의 성적 자기결정권을 침해하고 상대방에게 정신적 고통을 주기 때문입니다. 성적 자기결정권이란 인간이라면 누구나 가지는 자기결정권, 즉 자기 삶의 사적 영역에서 자신의 의지에 따라 생각하고, 그에 따라 자유롭게 자신의 행동을 결정할 수 있는 권리가 성적 영역에서 발현되는 것을 말합니다.

성적 자기결정권은 다른 사람이나 사회의 간섭이나 강요 없이 자신의 의지와 판단에 따라 자유롭게 성적인 행위를 결정하고 할 수 있는 권리로, 그 권리에는 자신이 원하지 않는 성적 행위를 거부하고 저항할 수 있는 권리가 포함됩니다. 그리고 자기결정권의 대상이 되는 성적인 행위에는 단순히 성행위뿐만 아니라 성적인 언행, 성적 표현물을 보는 것 등이 포함됩니다.

정리하면 사람은 누구나 자신이 원하지 않는 성적 표현물, 자신에게 성적 수치심이나 혐오감을 일으키게 하는 성적 표현물(음란물)을 접하고 보지 않을 권리가 있는데, 누군가 상대방의 의사에 반해 그런 음란물을 강제로 접하고 보게 만든다면 그것은 그 사람의 성적 자기결정권을 침해하고, 그 사람에게 정신적 고통을 줍니다. 따라서 우리 법은 개인의 성적 자기결정권을 보호하기 위해 그런 행위를 처벌하고 있습니다.

누군가에게 평생 상처로 남을

희선이와 반 친구들의 경우로 돌아와 볼까요. 쉽게 말하면 희선이를 비롯한 많은 학생들, 특히 여학생들은 그 친구들이 올린 불쾌하고 혐오스러운 사진, 영상을 보고 싶지 않은데 그 친구들이 그런 사진과 영상을 올림으로 인해 자신의 의사와 상관없이 강제로 그런 사진, 영상을 봐야 하고, 그로 인해 불쾌함과 혐오스러움이라는 부정적인 감정으로 정신적 고통에 시달리는 겁니다.

우리 법은 그런 행동으로부터 개인의 성적 자기결정권을 보호하고 정신적 피해를 막기 위해 그런 행동을 범죄로 규정하고 있습니다.

무엇보다 그 친구들의 행위는 그걸 보는 사람에게 큰 정신적 충격을 줄 수 있습니다. 아마도 그 친구들은 그게 다른 사람에게 어떤 충격을 주는지 이해하지 못할 거예요. 그러나 그 친구들의 행위로 인해 누군가는 엄청난 정신적 충격에 시달리고 그 기억이 아주 오랫동안 트라우마와 부정적인 경험으로 남아 그 개인의 삶에 부정적인 영향을 미칠 수 있습니다.

성적 관심, 성적 지식, 성적 관념이 형성되는 시기는 개인마다 다르고 남녀에 따라 특히 차이가 있습니다. 만약 아직 성적 관념이나 지식이 전혀 형성되지 않거나 충분하지 않은 누군가, 특히 여학생들은 그 친구들이 올린 사진 자체가 그 개인에게 엄청난 충격으로 작용할 수 있습니다. 그런 정신적 충격은 트라우마로 남아 부정적인 성적 관념을 형성하고, 오랫동안 정상적인 이성 관계나 성적 관계마저 거부하거나 두려워하게 할 수 있습니다.

어쩌면 남학생들에게는 아무렇지도 않은 그 사진 한 장이 여학생 누군가에는 성인이 되어서까지 트라우마가 될 수 있다는 사실을 꼭 알고, 그와 같은 행동을 삼가기를 바랍니다.

그저 장난이고 재미였다고요? 장난과 재미로 한 행동을 성폭력 범죄라고 하는 것은 너무하지 않냐고요? 그렇지 않습니다. 장난이라는 이유로, 재미로 그랬다는 이유로 자기 행동에 대한 책임에서 벗어날 수는 없습니다. 많은 학교폭력 사안에서 가해 학생들은 장난이라고, 그저 재미로 그랬다고 하지만, 그로 인해 피해 학생들은 심각한 정신적 고통에 시달립니다.

아무리 친한 사이라고 해도

왜 그런 사진, 영상을 올렸을까요? 그들이 느낀 재미는 무엇일까요? 누가 보라고 그 사진, 영상을 올린 걸까요? 올린 후에 왜 킥킥거리고 이상한 말들을 할까요?

그들이 성적 지식을 전달하기 위해 올린 것은 분명히 아니겠죠. 아마도 성적 흥분이나 욕망 혹은 성적 수치심이 드는 사진, 영상을 올리고 다른 친구들, 특히 여학생들이 보게 함으로써 그들이 느끼는 반응에서 즐거움과 재미를 느끼겠죠. 그 친구들은 스스로 인지하지 못할 테지만, 여학생들이 수치스럽고 혐오스러운 음란물에 반응하는 것을 통해, 혹은 그 음란물을 본 여학생들의 내적·정서적 반응 등을 상상하면서 느끼는 즐거움은 분명히 잘못되고 비뚤어진 성적 욕구이자 욕망입니다.

그 친구들은 그와 같은 행동을 통해 자신들의 잘못된 성적 욕망과 욕구를 충족하고 있는 것일 뿐 단순히 장난이나 재미를 위한 행위라고 할 수 없습니다. 그 친구들의 그런 비뚤어진 성적 관념과 욕망이 올바르게 교정되지 않는다면 그런 행동은 더욱 비뚤어진 방향으로 발전하고, 자신도 모르게 잘못된 성적 관념과 욕망이 체화되어 결국 어느 순간 더 큰 성범죄에 발을 들일 수 있습니다. 이제라도 그 친구들이 자신들의 행동이 얼마나 잘못된 것인지, 얼마나 위험한 것인지 알아야 합니다.

최근 이와 같은 행동이 개인적으로, 서로 교제하기 전 알아가는 과정에서, 상대에게 구애하는 과정에서, 심지어 서로 사귀는 과정에서도 빈번하게 일어납니다. SNS를 통해 상대방이 원하지 않는 성적인 사진이나 영상을 보내거나, 성적인 표현들을 반복하는 등의 경우가 흔히 일어납니다. 그리고 그 과정에서 상대방은 그 사람과의 개인적 관계로 인해 명확히 거부 의사를 보이지 못한 채 시달리고 고통스러워하는 경우가 많습니다. 분명히 알아야 합니다.

상대방이 명확한 거부 의사를 보이지 않았다고 해서 그 행동에 동의하거나 좋아하는 것이 아닙니다. 상대방은 그 행동을 싫어하고 불쾌해하고 힘들어할 수 있습니다. 상대방의 의사를 명확히 물어보고 그 의사를 존중해주세요. 그렇지 않으면 상대방과 사귀는 사이라고 해도 그런 행동은 학교폭력이자 성폭력 범죄가 될 수 있습니다.

혼자 즐기는
몰카라도

"호기심이었고, 남에게 보여주지 않았어요"

 얼마 전 지훈이에게 곤란한 일이 생겼습니다. 교실, 복도, 체육관 등에서 사진 몇 장을 찍었는데, 평범한 사진이 아니라 '여자애들 사진'을 몰래 찍었답니다. 말하기 민망하지만 여자아이들의 하반신과 상반신을 포커싱해서 찍었답니다.

 "처음에는 호기심에서 그랬어요. 이상하게 최근에 여자애들 신체 일부가 눈에 들어오면서 자꾸 끌리다 보니 어느새 나도 모르게 몰래 찍은 것 같아요. 그런데 한 번 하니까 자꾸 찍게 되더라고요."

 스릴도 있고, 그걸 다시 보는 재미도 있었다는 지훈이. 자신도 잘못이라는 걸 알면서도 멈출 수가 없었답니다.

 그런데 얼마 전 핸드폰에 담겨 있는 사진들을 혼자 보던 지훈이를 지나가던 여학생이 학교에 신고했습니다.

"선생님은 성폭력 사안이라 경찰서에도 신고해야 한다고 해요. 그러면 저는 어떻게 되는 건가요? 그냥 호기심으로 찍었고, 다른 친구들에게는 보여주지도 보내지도 않았어요."

호기심이라고 변명하겠지만

지훈이가 너무 큰 잘못을 저질렀네요. 지훈이의 행동은 명백한 성폭력으로 학교폭력일 뿐만 아니라 성폭력처벌법에 의해 처벌되는 성폭력 범죄에 해당합니다. 성폭력처벌법은 '카메라나 그 밖에 이와 유사한 기능을 갖춘 기계장치를 이용하여 성적 욕망 또는 수치심을 유발할 수 있는 사람의 신체를 촬영대상자의 의사에 반하여 촬영한 자는 7년 이하의 징역 또는 5천만 원 이하의 벌금에 처한다'고 규정하고 있습니다.

지훈이의 행동은 카메라 기능을 갖춘 핸드폰을 이용해 사람의 성적 욕망 또는 수치심을 일으킬 수 있는 여학생들의 신체 일부를 그 여학생들의 의사에 반해 촬영한 것으로 최대 7년의 징역에 처할 수 있는 아주 심각한 성폭력 범죄에 해당합니다.

지훈이의 행위는 무엇이 잘못되었을까요? 우리 법은 왜 그와 같은 행위를 심각한 성폭력 범죄로 규정하고, 왜 아주 강하게 처벌할까요?

무엇보다 그와 같은 행위는 피해자에게 심각한 정신적 고통을 주기 때문입니다. 지훈이는 비록 호기심에 가벼운 마음으로 한 행동일지 모르지만, 지훈이의 행동으로 인해 상대방은 아주 오랜 기간 회복하기 어려운 정신적 고통에 시달릴 수 있습니다.

누군가 허락 없이 찍은 나의 몸

상대방 여학생의 입장에서 한번 생각해봐요.

누군가 나의 신체 일부를 포커싱해 사진을 찍습니다. 그 누군가가 내 신체 일부가 도드라진 그 사진을 보고 즐기며, 나아가 성적 욕망의 대상으로 삼습니다. 나도 모르게, 나의 의사와 상관없이 내가 누군가의 성적 욕망의 대상이 됩니다.

그런데 그 누군가가 한 사람이 아닐 수 있습니다. 그 사진이 그 누군가의 친구들에 의해 공유됩니다. 어느 순간 내 신체 일부가 도드라진 그 사진이 인터넷, SNS를 통해 전파됩니다. 학교와 학원을 오가는 길마다 남학생들 시선이 무섭습니다. 그들이 나를 보고 수군거리는 것 같습니다. 나의 의사와 상관없이, 내 잘못이 전혀 없음에도 나는 이 고통과 두려움에 시달립니다. 더 무서운 것은 내가 이 상황을 전혀 통제할 수 없다는 것입니다. 그 사진이 어디까지 전파되고,

이 상황이 언제까지 계속될지 모른다는 것입니다. 나는 이 고통과 두려움에서 과연 벗어날 수 있을까요?

어때요? 이제 좀 이해가 되었을까요? 본인의 행동으로 인해 상대방이 얼마나 큰 정신적 고통과 트라우마에 시달릴 수 있는지, 본인의 행동이 얼마나 심각한 범죄인지 이해되었을까요? 호기심이라는 이유로 그런 행동이 결코 용서될 수 없음을, 그 책임이 가벼워질 수 없음을 분명히 알았기를 바랍니다.

결코 남 일이 아닌 N번방 사건

지훈이의 행동은 호기심으로 시작했지만 점차 그 횟수가 많아지고 촬영 방법도 대담해지며, 죄의식이 사라져가면서 스스로 자기 행동을 제어하지 못했을 것입니다. 아마도 지나가던 여학생에 의해 발각되지 않았다면 그런 행동은 계속되었을 것이고, 그 방법 역시 발전되고, 대상의 범위 역시 더 확대되었을 것입니다.

왜 그럴까요? 그것이 지훈이가 범한 범죄의 속성이기 때문입니다. 지훈이가 범한 카메라 등을 이용한 촬영죄를 비롯한 성폭력 범죄는 흔히 '습성 범죄', 즉 범죄가 개인의 특성에 기초해 습관성을 지니는 범죄이기 때문입니다. 성폭력 범죄의 경우, 그 범죄가 범죄자 개인의 잘못된 성적 관념, 비뚤어진 성적 욕구 등 개인적 속성에서 비롯되고, 범죄가 그 개인에 체화 내지 내재된 속성에 기초하기에 반복되고 쉽게 멈춰지지 않습니다. 또한 성적 욕구를 채우기 위해서는 점점 더 큰 자극이 요구되기에 시간이 지나고 범죄가 계속되면서 점점 더 큰 범죄의 형태로 발전하게 됩니다.

지난 몇 년 동안 우리 사회를 떠들썩하게 하고 충격에 빠지게 했던 N번방 사건을 기억하나요? 어쩌면 그들도, 그들의 동조자조차 처음에는 호기심으로 시작했을지 모릅니다. 처음에는 호기심에 개인적인 만족을 위해 누군가를 촬영하고 훔쳐보았을지 모릅니다. 그렇게 시작한 그 행동이 브레이크 없이 달려 우리가 알고 있는 엄청나고 참혹한 범죄를 가져왔습니다. 지훈이도, 아직 발각되지 않은 다른 친구들도 지금 멈춰야 합니다.

지금 멈추지 않으면 안 되는 일

그러면 어떻게 멈출 수 있을까요?

성폭력 범죄 자체가 개인의 속성, 특히 잘못된 성적 관념과 비뚤어진 성적 욕구에 기초하기 때문에 다양한 경로를 통해 적극적으로 성교육을 받으며 잘못된 성적 관념을 바로잡아야 하며, 나아가 그 비뚤어진 성적 관념과 욕구가 깊이 내재된 속성에 기초한 것으로 치료가 필요하다면 적극적인 치료를 통해 그 원인을 제거해야 합니다.

혼자 고민하지 말고 부모님, 선생님 등 주위 어른들에게 도움을 청해 치료로 문제의 원인을 해결하길 바랍니다.

지훈이가 그래도 다른 친구들에게 보여주거나 전송하지는 않았다고 하니 정말 다행이네요. 그런데 혹시라도 지훈이가 촬영한 사진을 지훈이가 보여줘서 보거나, 받아서 저장하거나, 받아서 가지고 있거나, 그것을 다른 친구들에게 보여주거나, 전송한 친구들이 있다면 그 친구들 또한 성폭력처벌법에 따라 처벌된다는 걸 알아야 합니다.

다른 친구들에게 전송하거나 제공한 친구들은 촬영자 지훈이와 동일하게 최대 7년의 징역에 처할 수 있고, 지훈이가 보여주어 시청하거나, 받아서 저장하거나 소지한 친구들은 최대 3년의 징역에 처할 수 있다는 사실을 꼭 명심하세요. 우리 학생들이 절대로 그와 같은 불법 촬영물에 호기심으로라도 접근하지 않기를 바라고 바랍니다.

합성 사진 놀이를
하는 동안

"다들 장난이라고 생각했어요"

진영이는 요즘 너무 힘들고 괴롭답니다. 얼마 전에 학교폭력 가해
자로 신고되었으니까요.

요즘 애들 사이에서 '지인 능욕'이라고 유행하는 놀이가 있지요.
마음에 들지 않거나 놀리고 싶은 상대가 있으면 그런 여러 이유로
친구들끼리 하는 사진 합성 놀이입니다. 카카오톡, 인스타그램, 페
이스북 등 SNS를 통해 얼굴 사진을 캡처해서 얻고 그 사진과 인터
넷에서 떠도는 다른 사진들, 예를 들면 나체 사진, 몸매나 성적 특징
이 도드라진 사진, 우스꽝스러운 사진, 돼지, 파충류 등 혐오감이 들
게 만드는 동물 사진 등에 그의 얼굴을 합성하는 겁니다. 인터넷이
나 핸드폰 앱을 통해 쉽게 합성할 수 있지요. 그걸 진영이와 진영이
친구들이 돌려 보면서 웃고, 조롱하기도 하며 놀았답니다.

사실 진영이도 이게 좋지 않은 행동이라는 건 알았답니다. 하지만 친구들이 그렇게 하니까, 하다 보면 재미있기도 하고, 우리끼리만 웃고 즐기는 거니까 괜찮겠지 싶어 심각성을 느끼지 못했답니다.

"저는 정말 그게 범죄인 줄 몰랐어요. 정말이에요."

장난 뒤에서 고통받는 사람

진영이가 깊이 생각하지 못하고 잘못된 행동을 해서 굉장히 곤란한 지경에 처했네요. 네, 그렇습니다. 요즘 학생들 사이에서 그것이 어떤 범죄에 해당하는지도 모른 채 '지인 능욕'이라는 사진 합성 놀이가 재미, 장난이라는 명목 아래 무분별하게 이루어지고 있습니다. 그것은 상대방에게 회복하기 어려운 심각한 피해를 주는 것으로, 학교폭력에 해당할 뿐만 아니라 성폭력처벌법에 의해 아주 무겁게 처벌되는 성폭력범죄에 해당합니다.

성폭력처벌법은 '반포 등을 할 목적으로 사람의 얼굴·신체 또는 음성을 대상으로 한 촬영물·영상물 또는 음성물을 영상물 등의 대상자의 의사에 반하여 성적 욕망 또는 수치심을 유발할 수 있는 형태로 편집·합성 또는 가공한 자는 5년 이하의 징역 또는 5천만 원 이하의 벌금에 처한다'고 규정하고 있습니다. 진영이와 친구들이 한 행동은 '사람의 얼굴을 대상으로 한 촬영물(사진)을 그 친구의 의사와 상관없이 마음대로 성적 욕망이나 수치심을 유발하는 형태로 편집·합성한 행위'로 이 법률에 따라 최대 5년의 징역에 처하거나 5천만 원의 벌금에 처할 수 있고, 그 행위를 상습적으로 한 경우에는 최대 2분의 1까지 가중할 수 있는 중대한 성폭력범죄입니다.

본인이 합성하지 않았다고요? 직접 합성하지 않았다면 죄가 되지 않을까요? 아닙니다. 본인이 직접 합성하지 않고 다른 친구가 합성했다고 해도 진영이가 그 합성된 사진을 다른 친구에게 전송했다면 진영이 또한 그 사진을 직접 합성한 친구와 마찬가지로 성폭력처벌법에 따라 최대 5년의 징역에 처하거나 5천만 원의 벌금에 처할 수 있고, 그 행위를 상습적으로 한 경우에는 최대 2분의 1까지 가중할 수 있습니다.

나는 합성하지 않았고 전송도 하지 않았으니 괜찮은 것 아니냐고요? 아닙니다. 설사 사진을 직접 합성하지 않고 전송하지 않았다고 해도 일정한 경우 학교폭력에 해당할 수 있습니다. 사진을 직접 합성하거나 전송하지 않았다면 성폭력범죄로는 처벌받지 않을 수 있지만, 단톡방 등에서 그 사진을 같이 보며 그 상대방을 조롱하고 모욕하는 경우, 합성과 전송하는 친구에 사실상 동조한 경우 등 상황에 따라 얼마든지 학교폭력으로 인정될 수 있습니다.

그 고통은 누구도 대신할 수 없다

그렇게 심각한 범죄인 줄 몰랐다고요? 네 그렇습니다. 진영이와 친구들의 행위는 정말 심각한 범죄에 해당합니다. 우리 법은 그와 같은 행위를 심각한 범죄로 규정하고 아주 강한 처벌을 할까요? 무엇보다 그와 같은 행위는 피해자에게 심각한 성적 수치심, 모멸감 등의 정신적 고통을 주기 때문입니다. 특히 그와 같은 행위는 주로 여성을 대상으로 이루어집니다.

처지를 바꾸어 생각해볼까요? 나도 모르는 사이에 누군가 내 얼굴 사진을 이용해 나체 사진 등과 합성해 성적 욕망을 불러일으키는 사진을 만든다면, 그 사진을 통해 내가 누군가의 성적 욕망의 대상이 된다면, 누군지도 모를 사람들이 그 사진을 돌려보며 나를 성적 대상으로 능욕하고 조롱과 멸시의 대상으로 만든다면 어떤 마음이 들까요? 누군가 내 어머니, 누나, 여동생의 얼굴 사진을 이용해 그와 같은 행위를 한다면 어떨까요?

이제 이해되나요? 진영이와 친구들이 무심코 즐거움을 위해 한 그 행동이 상대방에게 어떤 정신적 고통을 주는지 이해가 되었나요?

더 큰 문제는 그 사진이 언제까지, 누구에게까지 전파될지 알 수 없고, 그 사진의 전파를 사실상 막을 수 없다는 것입니다. 즉 피해자의 피해가 중단되지 않고 통제할 수 없는 시기, 범위까지 피해가 확대되고 계속된다는 것입니다. 사진, 영상물은 한번 찍으면 그것을 지우지 않는 한 사라지지 않는 영속성, 누구나 쉽게 복제 가능하다는 특성, 인터넷 혹은 모바일 환경을 통해 누구에게나 쉽게 전파 가능하다는 강력한 전파성을 특징으로 하기에 한번 그 범죄의 대상이 된 피해자는 언제 그 피해가 중단될지 알 수 없는 상황에서 계속 피해에 노출됩니다.

더 큰 피해를 막을 용기를

누군가 내 얼굴 사진을 도용해 음란한 나체 사진과 합성합니다. 내 친구들이 그 사진을 돌려봅니다. 누군지도 모를 사람들이 그 사진을 보며 나를 성적 욕망의 대상으로 삼습니다. 어느 날 친구들이 나를 이상한 눈으로 쳐다보는 것 같습니다. 그 사진을 합성한 친구들이 법률에 따라 처벌을 받습니다. 이것으로 끝이 아닙니다. 그 수치스러운 사진이, 나를 모욕하고 성적 욕망의 대상으로 만든 그 사진이 여전히 인터넷 공간, 모바일 공간에서 사라지지 않고 돌아다닙니다. 학교, 학원에서 누군가 힐끔거리는 것 같습니다. 길거리에서도 누군가 이상한 눈으로 쳐다보는 것 같습니다.

가해자는 처벌되었다고 하지만, 나의 피해는 여전히 계속됩니다. 나의 피해는 대체 언제 끝이 나는 걸까요? 언제까지 이 고통 때문에 힘들어야 하나요?

가볍게 생각하고 장난이라고 생각한 행위가 상대방을 상상할 수 없는 고통 속으로 밀어 넣을 수 있습니다. 최근 이와 비슷한 행동, 범죄가 사회적 문제로 떠오르고 있는데, 우리 학생들은 그것이 아주 심각한 범죄라는 사실을 아직 인지하지 못하고 있습니다.

이제라도 진영이와 친구들 그리고 모든 학생이 그와 같은 행동의 심각성을 깨닫고 당장 그만두기를 바랍니다. 혹시라도 주변 친구들이 그와 같은 행동을 한다면 말려야 합니다. 말려도 듣지 않으면 그런 행동이 이루어지는 공간, 무리에서 벗어나야 합니다. 나아가 그와 같은 행동을 한 친구들을 신고해서라도 더 큰 피해를 막을 수 있는 용기를 가졌으면 좋겠습니다.

서연이의 SNS가
부러웠어요

"누군가 나를 사칭하고 있어요"

"얼마 전에 진짜 황당한 일을 겪었어요. 세상에! 어떤 애가 제 이름으로 인스타그램 계정을 만들고, 제 페이스북, 인스타그램 등에서 사진도 받아 게시하면서 제 행세를 했더라고요. 심지어 그 계정으로 게시글을 작성하고 여러 사람과 팔로잉하며 댓글 달고, DM을 주고받으면서 저처럼 행세를 한 거예요. 저는 전혀 모르고 있다가 우연히 친구를 통해서 알게 되었어요."

지난 주말 끝나고 학교에 갔는데 한 친구가 주말에 여행 다녀왔느냐고, 거기 정말 좋던데 어디냐고 물어보았답니다. 서연이로서는 무슨 소리냐 싶었죠. 지난 주말에 학원 보충수업을 따라가느라 정신없었으니까요. 그 친구는 거짓말하지 말라고, 인스타그램에서 다 봤답니다. 진짜 아니라고, 무슨 소리냐고 하자 그 친구가 증거가 있다면서 인스타그램 계정을 보여주었습니다.

"세상에! 제 이름과 제 사진이 프로필에 떡하니 올라와 있는 계정이었어요. 너무 놀라 살펴보니 제 카카오톡, 인스타그램, 페이스북 등에 올려놓은 사진들이 다 거기 올라와 있는 거예요. 친구가 말한 지난 주말에 올린 사진도 제가 예전에 다녀왔다가 올린 사진을 마치 지난 주말에 다녀온 것처럼 올렸더라고요. 정말 너무 어이가 없고 화가 났어요."

더 화나고 기가 막힌 것은 누군가 제 사진만 도용한 것이 아니라, 여기저기서 이상한 사진들을 복사해서 게시하면서, 주로 자기 팔로워인 남자애들과 댓글로 이상한 말을 주고받는 것입니다. 공개 게시글에서도 서연이 이름으로, 서연이 행세를 하며 DM 등 개인적으로 메시지를 주고받으면서 어떤 이야기들을 할지 서연이는 생각할수록 끔찍합니다.

"내가 나도 모를 누군가에게 자기들 마음대로 인식되고 있다는 사실에 충격과 공포 그 자체였어요. 그뿐만이 아니더라고요. 어떤 아이들하고는 댓글과 게시글로 엄청나게 싸우더군요. 온갖 욕설을 써가면서요. 제가 마치 쓰레기가 되어버린 것 같았어요."

이대로 가만 놔두면 안 될 것 같아 그 친구에게 DM을 보낸 서연이. 너 누구냐고, 누군데 남의 이름과 사진을 도용해서 명예를 훼손하고 모욕하냐고. 처음에는 발뺌했답니다. 계속 오리발을 내밀면 경찰서에 가겠다, 수사하면 금방 나올 거라고 했답니다. 그랬더니 그제야 인정하더랍니다. 미안하다고, 잘못했다고, 용서해달라고. 서연이가 부러워서 재미로, 호기심으로 시작했다가 멈출 수 없었다고.

"그런데 알고 보니 같은 학교 친구더라고요. 친하게 지내지는 않지만 같은 반이 된 적 있어서 얼굴과 이름은 알고 있었어요. 같은 학교 친구라는 사실에 너무 소름 끼쳤지만, 마음을 다잡고 그 친구에게 이야기했어요. 계정 닫으라고. 단, 계정을 폐쇄하기 전에 공개적으로 한 달 동안 본인이 내가 아니고, 그동안 본인이 나를 사칭했다는 사실을 게시하라고 했어요. 그러면 용서해주겠다고. 그러겠다고 하더군요."

그렇게 일단락이 되었지만, 그런다고 이미 망가진 서연이의 이미지가 회복될까요? 어디까지 퍼졌을지 모를 잘못 전파된 사실이 수정될 수 있을까요?

초상권 침해이자 사이버폭력입니다

정말 황당한 일을 겪었네요. 핸드폰으로 시간, 장소의 제한 없이 인스타그램 등과 같은 SNS를 통해 자신의 사진과 일상을 타인과 공유하며 소통하는 요즘 시대에 서연이와 같은 경험으로 고통받는 학생이 의외로 늘고 있습니다. 그만큼 SNS 공간에서 남의 이름, 사진 등을 도용하고, 심지어 타인의 행세를 하는 학생이 많아지고 있다는 뜻이기도 합니다.

 SNS 시대에 이런 일이 많이 벌어지다 보니 이런 행위를 지칭하는 용어도 생겼는데요, 유럽정보보호기구인 ENISA는 이와 같은 행위를 프로파일 스쿼팅(profile squatting)이라고 명명했습니다. 프로파일 스쿼팅이란 남의 신상정보(profile)를 도용해 자신의 것처럼 무단 사용(squatting)하는 행위를 지칭합니다. 처음에는 사생활 공개가 상대적으로 많고 대중의 관심을 많이 받은 연예인, 인플루언서 등이 프로파일 스쿼팅의 표적이 되곤 했는데, 최근에는 인스타그램 등을 통해 일반인도 사진 등을 게시하며 자신의 삶을 공개하는 것이 자연스럽다 보니, 그들 역시 무차별적으로 프로파일 스쿼팅의 대상이 되고 있습니다.

 프로파일 스쿼팅을 하는 사람들은 본인임을 확인할 수 없는 사이버공간의 특성을 이용해 타인의 신상정보, 사진 등을 도용하며 타인으로 행세합니다. 이와 같은 행동은 그 자체로 타인의 초상권을 침해하는 행위로 타인에게 피해를 줍니다.

 그런데 프로파일 스쿼팅의 진짜 문제는 프로파일 스쿼팅을 하는 사람들이 타인으로 행세하며 하는 행동으로 인해 그 대상이 된 타인의 명예에 심각한 손상을 입힌다는 것입니다. 예를 들면, 그들은 타인 행세를 하면서 다른 사람에 대한 비방글을 올리거나 욕설을 하는 등의 행위를 합니다. 저속하고 몰상식한 게시글을 올리기도 합니다. 타인의 이름으로 다른 사람에게 돈을 빌리거나 요구하는 등의 행위를 하기도 합니다. 노출이 심한 사진을 올리고 성적인 게시글을 올릴 수도 있습니다. 타인의 이름으로 상품을 판매하기도 합니다. 상품 판매를 빙자해 사기를 치기도 합니다. 심지어 타인의 이름으로 이성에게 접근해 만남을 미끼로 돈을 갈취하기도 합니다.

이처럼 그들은 익명성이라는 사이버공간의 특성을 이용해 타인의 삶을 훔치는 것을 넘어 여러 부도덕하고 비상식적인 행동, 심지어 범죄에 해당하는 행동을 함으로써 프로파일 스쿼팅의 대상이 된 타인을 어느새 범죄자로 만들어 놓습니다. 그 타인의 사회적 명예에 치명적인 손상을 입힙니다. 서연이를 사칭한 그 친구 역시 그렇습니다. 단순히 서연이의 이름과 사진을 도용한 것을 넘어 서연이에 대한 사회적 평가를 심각하게 훼손하는 행위를 했습니다. 이와 같은 행동은 사이버공간에서 서연이의 초상권을 침해하고, 서연이의 사회적 평판을 훼손하는 행위로 학교폭력예방법이 규정하고 있는 '사이버폭력'에 해당할 수 있습니다.

한편, 서연이 행세를 하며 타인을 비방하고 모욕했다면 그 행위는 서연이에 대한 사이버폭력이 됨과 동시에 비방과 모욕의 대상이 된 그 타인에 대한 명예훼손, 모욕, 사이버폭력이 될 수 있습니다. 나아가 갈취, 사기 등의 다른 행동을 했다면 그에 대한 책임 역시 별개로 져야 합니다.

관심받고 싶은 마음

왜 프로파일 스쿼팅이 이처럼 빈번하게 발생하는 걸까요? 그 친구는 대체 왜 서연이의 이름과 사진 등을 도용하며 서연이 행세를 했을까요? 그 친구의 이야기를 한번 들어볼까요?

"서연이는 1학년 때 같은 반이어서 알게 되었어요. 서연이와 친하지는 않았어요. 저랑 다른 사람 같고, 주변에 친구들도 많아서 친하게 지내고 싶었지만 가까이 갈 수 없었어요. 다들 SNS를 하고 저도 SNS를 하다 보니 자주 친구들의 페이스북, 인스타그램, 카카오톡 등을 둘러보는데, 서연이 SNS 역시 어렵지 않게 접할 수 있었죠. 특히, 서연이의 인스타그램 등은 제가 자주 보곤 했어요."

효진이는 서연이가 예쁜 데다가 집도 잘 사는지 사진을 보면 너무 부러웠습니다. 너무 예쁜 옷을 입고, 예쁘고 멋진 배경에서 찍은 사진들, 너무 맛있어 보이는 음식을 먹고 있는 사진들, 여기저기 멋진 곳으로 여행을 가서 찍은 사진들, 효진이가 경험하고 상상하지 못한 세계에서 사는 것 같은 서연이의 삶이 마치 연예인 같았답니다.

"그래서 그런지 서연이 인스타는 팔로워 수도 정말 많았어요. 정말 많은 친구, 팔로워들이 서연이가 사진을 올리면 댓글을 달고, 서연이에게 관심을 표현하고, 부러워하더군요. 그런 서연이가 너무 부러웠어요. 제 인스타그램에는 사실 서연이처럼 올릴 사진도 없어서 팔로워도 거의 없고 아무도 관심을 주지 않았거든요. 저는 서연이처럼 예쁘지도 않고, 서연이처럼 예쁜 옷을 입고, 멋진 곳을 배경으로, 비싸고 맛있어 보이는 음식을 먹는 사진을 찍을 형편도 아니거든요. 그런 제가 너무 초라했어요.”

그러다 갑자기 이런 생각이 들었답니다.

‘서연이의 사진을 가져다 올리면 사람들이 어떻게 반응할까? 내가 아니라 서연인 것처럼 행동하면 사람들이 내게 관심을 줄까?’

“그런 생각을 하니 나도 모르게 이미 그렇게 하고 있더라고요. 서연이의 이름으로 계정을 만들고, 서연이의 사진으로 프로필을 하고, 서연이의 사진을 하나씩 가져다 올리며 마치 제가 서연인 것처럼, 그 사진 속의 장면을 실제로 체험한 것처럼 인스타그램 게시글을 올렸죠. 그러자 정말 놀라운 일이 일어났어요. 제 실제 계정에는 전혀 늘지 않았던 팔로워 수가 정말 순식간에 늘어났어요. 순식간에 많은 사람이 와서 제 게시글에 ‘좋아요’를 누르고, 팔로잉을 하고, 댓글로 정말 예쁘다, 멋지다, 부럽다는 등의 이야기를 하며 제게 맞팔하자고 요청하더군요. 정말 신세계였어요. 너무 좋았어요.”

누구에게도 관심을 받지 못하던 효진이가 어느새 많은 사람의 관심과 사랑을 받으니 정말 행복했을 겁니다. 그래서 인스타그램을 더욱 열심히 했겠죠. 다른 사람들과 맞팔도 하고, 많은 이야기도 주고받으며, 그곳에서 인플루언서와 스타가 된 것 같았을 겁니다. 현실의 효진이와는 달랐죠.

“제게 진짜 현실은 SNS 공간이 되었죠. 저는 그곳에서 행복했고,

많은 사람으로부터 사랑을 받았어요. 그런데 어느 날 갑자기 진짜 서연이에게서 DM을 받았어요. 그때 깨달았죠. 그곳은 현실이 아니었다는 사실을. 그 삶은 나의 삶이 아니었다는 사실을."

서연이에게 미안하다는 효진이. 그곳에서의 삶에 도취된 채 의도하지 않게 서연이에게 큰 피해를 준 것을 깨달았습니다. 서연이의 요구대로 인스타그램 계정에 사실을 밝혔지요. 그동안 서연이의 삶을 훔쳤다는 사실을.

"정말 엄청난 비난을 받았지만, 한편으로는 마음이 홀가분했어요. 나도 모르게, 내가 가짜 삶에 도취해 무시했을 마음의 소리이지만, 양심의 가책, 언젠가 드러날 가짜 삶의 실체에 대한 두려움이 내면에 잠재해 있었던 것 같아요. 이젠 늦게라도 제 삶을 살아야겠다고 생각하는데, 사실 아직 잘 모르겠어요. 제가 남의 삶을 흉내내지 않고 제 삶을 온전히 살아갈 수 있을지, 어떻게 하면 타인의 시선이 아닌 나의 시선으로 세상을 살아갈 수 있을지. 제가 이번 일을 통해 배운 것이자 제게 주어진 과제 같아요."

남들과 비교하지 않는 삶

그렇군요. 효진이의 마음을 이제 알겠네요. 타인에게 관심받고 싶은 마음, 인정받고 싶은 마음, 사랑받고 싶은 마음에서 비롯된 일이

었군요. 효진이뿐만 아니라 누구나 타인에게서 관심받고, 인정받고, 사랑받기를 원합니다. 그것은 사람의 본성과 같은 것이니까요. 특히, 요즘과 같이 SNS를 통해 타인과 쉽게 소통하고 교류할 수 있는 세상에서, 내 삶을 타인과 공유하고 반대로 타인의 삶을 쉽게 엿볼 수 있는 세상에서 그런 마음은 더욱 커집니다.

내가 얼마나 좋은 사람인지, 내가 얼마나 예쁜 사람인지, 내가 얼마나 멋진 삶을 살고 있는지, 내가 얼마나 행복한지를 다른 사람들에게 자랑하고 싶고, 그들에게서 관심과 인정을 받기를 원합니다. 그것이 내 삶의, 내 정체성의 큰 부분을 차지하게 됩니다. 그런데 SNS를 통해 보이는 다른 사람의 삶이 내 삶보다 나아 보입니다. 그 친구가 나보다 예뻐 보입니다. 그 친구가 나보다 비싸고 예쁜 옷을 입는 것 같습니다. 그 친구는 내가 가지 못한 좋은 곳으로 여행을 가고, 내가 먹어보지 못한 비싸고 맛있는 음식을 먹습니다. 내가 갖지 못한 것을 그 친구는 다 가지고 있습니다. 나보다 그 친구의 삶이 행복하고 근사해 보입니다. 그것을 보는 내 모습이, 내 삶이 초라해집니다. 내 삶이 행복하지 않고 만족스럽지 않습니다. 일상이 불평과 불만으로 가득합니다.

효진이는 혹시 '비교불행'이라는 말을 들어본 적이 있나요? 자신의 삶을 남과 비교해 상대적 박탈감, 상대적 빈곤감 등을 느끼며 자신의 삶이 불행하다고 느끼는 것을 이르는 말로, SNS를 통해 타인의 삶을 엿보고 자신의 삶과 비교하기 쉬워진 최근에 더욱 주목받고 있는 표현입니다. 바로 효진이가 경험한 그 감정입니다.

서연이의 삶은 온통 행복으로 가득한 것 같은데, 내 삶은 초라하고, 불행하며, 시궁창 같은 느낌. 내 삶의, 내 현실의 많은 부분이 온통 만족스럽지 못해 우울해지며 모든 것이 불만으로 가득한 상황. 그렇습니다. 효진이뿐만 아니라 SNS 시대의 많은 사람이 이처럼 SNS상에서 보이는 타인의 삶과 자신의 삶을 비교하며 스스로 불행감을 느끼고 자신의 삶을 갉아먹으면서 자신의 정체성을 잃어가고 있습니다.

그런데 과연 SNS상에 있는 그들은 행복할까요? 효진이가 부러워했던 서연이의 삶은 그렇게 행복으로만 가득할까요? 그들의 사진에서 보이는 삶의 모습이 진정한 한 인간의 삶의 전부일까요? 어쩌면 그들도 효진이처럼 누군가로부터 관심을 받고 애정을 받고 싶어 자신을 그렇게 봐 달라고 하는 것은 아닐까요? 어쩌면 그들도 또 다른 누군가의 삶을 엿보며 그들을 부러워하며 자신의 삶이 불행하다고 느끼고 있지는 않을까요? 어쩌면 SNS라는 공간에서 우리는 서로를 부러워하고 시기하며, 서로 행복해 보이기 위해 경쟁하며, 스스로 자신의 삶을 불행과 불만으로 가득 채우고 있지는 않을까요?

그럼 어떻게 해야 이 비교불행의 늪에서 벗어날 수 있을까요? 우선 무엇보다 내 SNS를 통해 보이는 삶이 내 삶의 실체, 내 삶의 전부가 아니듯이, 그 사진들 몇 장이 나라는 사람의 정체성을 온전히 보여주지 못하듯이, 다른 사람의 SNS를 통해 보이는 모습이, 그 사진들 몇 장이 그 사람의 삶을 온전히, 실체적으로 보여주지 않는다는 사실을 알기를 바랍니다.

그것은 그저 멋진 사진에 불과합니다. 그 친구가 누군가와 공유하고 싶은, 누군가에게 자랑하고 싶은 순간이라고 받아들이면 그만입니다. 내 삶에도 친구에게 자랑하고 싶은 순간이 있는 것처럼 그 친구에게도 그런 순간이 있었을 뿐입니다. 그 순간 때문에 친구의 삶이 행복으로 가득 차지도 않을 테고, 그것 때문에 내 삶이 불행으로 가득 찰 이유는 더욱 없습니다.

더 중요한 것은 남과 비교하지 않는 태도입니다. 내 삶은 나만이 살아내는 고유한, 누구와도 바꿀 수 없는 나만의 모습, 나만의 가치를 가지고 있습니다. 심지어 내가 겪는 고통마저 오롯이 나만이 가질 수 있는 나만의 소중한 경험입니다. 내 삶이 그 누구의 삶보다 가치 있다는 사실을 잊지 말고 자신을 사랑하는 일에 마음과 정성을 쏟기를 바랍니다. 효진이 스스로 말했듯이 남의 삶을 흉내내지 않고 자신의 삶을 온전히 살아갈 수 있기를 바랍니다. 타인의 시선이 아닌 내 시선으로 세상을 살아갈 수 있기를 바랍니다. 그러면 효진이가 더는 누군가를 부러워하며 자신의 삶을 스스로 부정하고 갉아먹지는 않을 테니까요.

설마 내가
저격당할 줄이야

'그런 일로 나를 저격하다니'

요즘 너무 속상하고 화가 나는 일이 생겼다는 진아. 무슨 일 때문에 그런 걸까요?

"얼마 전에 친구로부터 카카오톡 메시지를 통해 몇 장의 SNS 프로필 게시글을 캡처한 사진을 받았어요. 윤희와 지혜가 저격글을 올렸다고, 이거 너 아니냐고 보냈어요. 그 게시글을 읽어 보니 나를 저격한 것이라는 걸 바로 알겠더라고요. 우리 반 아이들, 주변 친구들 누구라도 금방 그게 나를 저격했다는 걸 알 수 있었어요."

그 글을 보고 나서 진아는 너무 속상하고 화가 났습니다. 사실도 아닌 일을 사실인 것처럼 말하고 일방적으로 비난하고 조롱하고……. 진아가 정말 나쁘고 못된 아이인 줄 알겠지요.

얼마 전 학교 체육대회에서 반 대항 여자 미니 축구를 했답니다.

요즘 방송 프로그램에서 여자축구가 인기 있다 보니 진아가 다니는 학교도 새로운 종목으로 축구를 선정했고, 진아도 대표로 참가했습니다. 반 대표로 나간 것이니 얼마나 기쁘고 또 얼마나 열심히 했을지 눈에 선합니다. 그런데 경기가 치열해지고 과열되다 보니 좁은 공간에서 신체접촉이 많아졌답니다.

"어느 순간 상대편의 현지라는 친구와 몸이 부딪혔고 현지와 나 모두 넘어졌어요. 나는 무릎에 긁힌 상처가 났는데, 현지는 나보다 더 많이 다쳤는지 피가 나서 경기를 다 뛰지 못했어요. 일부러 그런 건 아니지만 나 때문에 다친 것 같아 미안했어요. 그런데 경기가 끝나고 상대편 반 애들 몇 명이 내게 와서 따지는 거예요. 일부러 현지를 다치게 한 게 아니냐고, 현지에게 사과하라고요."

미안하다고 사과까지 했는데

사실 진아는 일부러 현지를 다치게 한 것이 아니고 경기를 하다가 자신도 모르게 생긴 일이지만, 현지가 다친 게 미안해서 현지에게 사과했답니다. 미안하다고, 나 때문에 다쳐서 미안하다고, 일부러 그런 건 아니라고요. 그런데 현지의 주변에 있던 다른 친구들이 진아에게 사과하라고, 똑바로 사과하라고, 사과에 진정성이 느껴지지 않는다고 진아를 보챘답니다.

미안한 마음을 충분히 전했는데, 당사자도 아닌 그 친구들이 막무가내로 몰아붙이니 너무 당황스럽고 언짢아진 진아. 당시 그 친구들과 언쟁이 있었고, 진아의 같은 반 친구들이 말려 다행히 상황이 마무리되었답니다.

"기분이 썩 좋지는 않았지만 해프닝으로 여기고 잊었어요. 그렇게 상황이 끝났다고 생각했고요. 그런데 그 친구들은 아니었나 봐요. SNS를 통해 제가 일부로 현지를 다치게 한 것처럼, 일부러 현지를 다치게 하고 제대로 사과도 하지 않은 것처럼, 오히려 적반하장의 태도를 보인 것처럼 게시글을 올리고 조롱하고 비난한다니요. 너무 속상하고 억울하고 화가 나요. 이제 어떻게 해야 하나요?"

SNS에서 만나고 나누는 말들

요즘 학생들이 쓰는 표현대로 제대로 저격을 당했네요. SNS가 발달한 요즘, 학생들이 SNS로 소통하면서 긍정적인 면도 많지만 타인에 대한 공개적인 비방과 같은 부정적인 면도 많이 문제가 되고 있습니다. SNS 게시판이나 자기 계정 프로필 등에 특정인을 향한 비방, 욕설, 허위사실 등을 게시하는 '저격글'이 그 대표적인 경우입니다.

이처럼 저격글을 게시하는 행위는 명예훼손이자 학교폭력예방법이 규정하고 있는 '사이버따돌림'에 해당하는 학교폭력입니다. 일정한 경우 '정보통신망 이용촉진 및 정보보호 등에 관한 법률'에 의해 처벌되는 범죄에 해당할 수도 있습니다. 윤희와 지혜의 행동 역시 SNS라는 정보통신망에 사실·허위사실을 적시하거나, 비방 또는 모욕하는 방식으로 진아에게 정신적 고통을 가한 것으로 학교폭력에 해당합니다.

진아를 상대로 한 것이 아니라고요? 진아의 이름을 거론한 적이 없다고요? 아닙니다. 진아의 이름을 거론하지 않았다고 해도 진아반 친구들, 그리고 학교의 여러 친구들이 그 글을 보고 진아를 떠올릴 테고, 그로 인해 진아의 명예는 훼손되었을 것이고, 진아는 정신적 고통을 받을 것입니다.

SNS 공간에서 우리가 지켜야 할 것

인터넷, 정보통신망, SNS가 발달한 요즘 시대에 학생들에게 핸드폰은 단순히 전화하기 위한 도구가 아니라 물리적 현실과 다른 또하나의 현실 세계, 가상 세계를 이어주는 도구가 되며, 그곳에서 또다른 자아를 구축하고 타인과 소통하며 물리적 현실과 다른 자신만의 세계를 즐깁니다. 그곳은 물리적 현실과 달라 더 쉽고 더 빠르게, 더 편리하게, 더 많은 사람과 더 많은 것을 공유하고 관계를 맺을 수 있습니다. 이 안에서 사람들의 관심을 받을 수도 있어서 많은 시간을 SNS와 함께합니다.

그런데 SNS를 통한 소통과 관계 맺음이 늘어가면서 SNS를 통한 폭력 또한 증가하고 있습니다. 현실 공간에서 이루어지던 타인에 대한 비방, 욕설, 명예훼손 등의 언어폭력이 SNS라는 공간으로 옮겨와 더욱 쉽게 이루어지고, SNS라는 공간의 특성, 즉 익명성, 편의성, 전파성 등으로 인해 그 폭력에 따른 피해가 현저히 커지고 있습니다.

꼭 알았으면 좋겠습니다. SNS라는 공간은 타인과 건강한 소통을 하고 그 소통을 통해 긍정적인 자아를 형성하는 공간이지 타인을 비방하는 공간이 아닙니다. 타인을 비방하고 조롱하는 등의 부정적인 행위에 나의 소중한 시간과 에너지를 허비하지 않기를 바랍니다. 그런 부정적인 행동과 에너지는 타인에게 해를 끼칠 뿐만 아니라 결국 내게 돌아옵니다.

타인에게 부정적인 에너지를 표출하는 것은 그 자체로 내게 좋지 않은 영향을 미치고 나를 다치게 합니다. 소중한 사람들과 행복한 소통을 하기에도 시간은 부족하고 유한하다는 사실을 깨닫고, 여러분의 소중한 시간과 에너지를 사랑하는 친구, 가족들과 건강한 소통을 하는 데 쏟기를 바랍니다. 여러분의 소중한 시간과 에너지를 타인에게 쏟지 말고 사랑하는 자신에게 쏟기 바랍니다.

우리 삶에 스마트폰과 SNS는 없어서는 안 될 만큼 깊이 스며들었습니다. 우리 삶의 많은 부분이 스마트폰 속의 SNS를 통해 이루어지죠. 그런데 SNS라는 공간이 우리 삶에 빠르게 스며든 반면에 SNS 공간에서의 문화, 예절, 규범은 그만큼 성숙하지 못했습니다. 현실에서 이루어지던 학교폭력의 많은 부분이 SNS 공간에서 이루어집니다. 예전에는 없었던 새로운 유형의 학교폭력이 다양하게 생겨나고, SNS가 주는 편의성, 익명성, 확산성 등으로 인해 SNS를 통한 학교폭력의 피해는 크고 심각해졌습니다.

타인과 교류할 때 어쩌면 물리적 공간보다 더 많은 시간을 보내는 이 SNS라는 새로운 공간에서 우리는 어떻게 타인과 소통하고 공감할 수 있을까요? 이 새로운 세상에서 자신을 과시하거나 타인을 공격하고 비방하는 데 자신의 시간과 에너지를 낭비하지 않았으면 좋겠습니다. 남과 비교함으로써 자신의 고유한 존재가치를 스스로 무너뜨리는 일이 없었으면 좋겠습니다. 놀이, 유행, 문화라는 이유로 심지어 누군지도 모를 타인에게 상처를 주는 일을 반복하지 않았으면 좋겠습니다.

기술의 발전이 가져다준 혜택을 온전히 나와 우리의 삶을 풍요롭게 하는 데, 타인과 공감하고 소통하며 나와 우리를 성장시키는 데 사용할 수 있길 바랍니다.

먼저 잘못했다는 이유로

폭력은 결코
대화가 아닙니다

"서로 약속한 결투였어요"

얼마 전 한 친구와 싸운 적이 있다는 강현이. 같은 학교에 현수라는 애입니다. 가끔 학원이나 독서실, 스터디카페 등에서 마주쳐서 얼굴과 이름 정도는 알고 있었답니다. 서로 가끔 지나가다 마주치는 사이라 특별히 관계가 좋고 나쁘고는 없었는데, 어느 날 스터디카페에서 화장실에 가다가 그 친구와 몸을 부딪쳤습니다. 복도가 좁기도 하고 강현이가 잠시 딴생각을 하다 그 친구를 보지 못했는지, 서로 어깨가 부딪혔죠.

"놀래서 어? 하는 찰나에 그 친구가 '눈깔' 이러면서 저를 노려보더라고요. 그 친구가 그렇게 나와 저도 순간 화가 났지만 제가 잘못한 게 맞는 것 같아 그냥 참고, '어, 미안' 그러고는 자리를 벗어났어요. 그렇게 그 상황은 지나갔는데, 얼마 후 이상한 이야기가 들리는 거예요. 제 친구들이 제게 현수랑 싸웠냐, 네가 현수랑 붙었는데 현수한테 꼬랑지 내렸다고 하더라, 이러는 거예요."

알고 보니 현수가 그날 일을 자기 마음대로 지어내어 자기 친구들에게 이야기하면서 강현이를 바보로 만들고 자기를 과시했답니다. 친구들 사이에서 강현이가 진짜 그런 처지가 되어 있더랍니다.

"너무 화가 나고 어이가 없었어요. 그냥 있을 수 없었어요. 남자라면 가만히 있는 게 아니잖아요. 제가 그게 아니라는 걸 보여줘야죠. 그래서 친구들을 통해 현수 연락처를 알아내어 현수에게 DM을 보냈어요. 남자답게 정식으로 겨뤄보자. 누가 센지 싸워보자. 그랬더니 현수도 좋다고 해서 약속을 잡았죠."

독서실 건물 옥상에서 붙기로 했답니다. 그 이야기가 페북 등을 통해 친구들 사이에서 소문났는지 다들 관심이 많아서 싸우기로 한 날 독서실 옥상에 애들이 많이 모였답니다. 그렇게 현수와 싸웠는데, 강현이가 이겼어요.

영화와 만화는 현실이 아닙니다

"별 것 없더라고요. 그런데 그날 구경하던 애들이 동영상을 촬영했나 봐요. 그 동영상이 학교 친구들 사이에서 퍼졌고요. 제게 졌다는 소문이 난 거죠. 제게 힘도 쓰지 못하고 거의 일방적으로 맞았으니까요. 그런데 얼마 후 갑자기 학교 선생님이 저를 부르시는 거예요. 현수를 때렸다고. 현수 부모님이 학교폭력으로 신고하셨다고. 저는 너무 어이가 없었어요. 제가 일방적으로 때린 것도 아니고, 서로 싸우기로 약속하고 싸웠을 뿐인데, 싸워서 제가 이겼을 뿐인데 이제 와서 그게 학교폭력이라니요! 그게 말이 되나요?"

강현이는 미국 서부시대, 일본 사무라이, 중국 무협 등을 배경으로 한 영화, 드라마, 만화, 게임 등을 통해 남자끼리 결투하는 장면을 본 적이 있나요? 그런 영화, 드라마, 만화 등에서는 원한이 있거나 갈등이 생긴 남자끼리 서로 결투를 신청해 대결하곤 하죠. 영화, 드라마 등은 그것을 아주 남자답고, 사나이다운 것으로 보여주고요.

그러나 그것은 영화, 드라마, 소설, 게임에 불과합니다. 영화 등은 현실이 아닌 극적 장치이기에 결투 장면만을 보여주지만, 현실에서는 서로 결투를 하기로 합의를 보았다고 해서 상대방에 대한 폭행이 정당화되지 않습니다. 현실에서는 그 결투 행위에 대한 법적 책임을 반드시 져야 합니다. 강현이와 현수가 서로 싸우기로 합의하고, 그 싸움에 대해 상대에게 책임을 묻지 않기로 했다고 해도 강현이가 현수를 때린 것은 폭행, 상해로 학교폭력이자 형사범죄입니다.

왜 서로 약속에 따라 결투한 것인데도 학교폭력이라고, 범죄라고 할까요? 예를 들어 살펴보면 좀 더 쉽게 이해가 될 것 같네요. 만약 강현이와 현수가 영화, 드라마 등에서처럼 서로 칼 혹은 총을 사용해 누군가 죽을 수도 있는 결투를 서로 합의했다면, 그래서 누군가가 죽었다면 그때는 어떤가요? 강현이는 그것도 서로 합의한 것이니까 죄가 되지 않는다고 생각하나요? 만약 죄가 된다고 생각하면 그 이유는 무엇인가요? 때려서 다치게 하는 것은 괜찮고, 죽이는 것은 괜찮지 않은 것인가요? 죽지는 않았지만 장애로 남을 만큼 다쳤다면 어떤가요? 아주 오랜 시간을 병실에 누워 있어야 한다면요? 괜찮고 괜찮지 않은 기준은 무엇인가요? 상대가 얼마나 다쳐야 괜찮지 않은 것인가요?

이쯤이면 강현이 스스로 무언가 알 수 있을 거예요. 기준이 없다는 것을. 결과, 즉 피해의 정도를 기준으로 결투가 죄가 되는지 되지 않는지 구별할 수 없다는 사실을 말이죠.

야만과 폭력의 사회

왜, 무엇을 기준으로 결투를 폭행, 상해 등으로 처벌할까요? 그것은 결투라는 '행위' 자체가 가지는 위험성과 반사회성 때문입니다. 다시 한번 예를 들어보겠습니다. 강현이도 같이 생각해봐요. 만약 결투라는 행위를 우리 사회가 처벌하지 않는다면, 개인 간의 합의에 따른 행위이기 때문에 국가가 그 행위에 대한 책임을 묻지 않는다면 과연 우리 사회는 어떻게 될까요? 사회, 국가가 거창하다면 강현이가 다니는 학교라는 공간으로 좁혀서 생각해보세요. 만약 학교에서 학생들 사이의 결투를 당사자들의 합의에 따른 행위라는 이유로 징계하지 않는다면 어떤 일이 발생할까요?

학교에서는 학생들 사이에 수많은 갈등이 존재합니다. 그 갈등은 대화와 양보, 화해 등을 통해 해결되어야 하지만, 그 과정은 매우 어렵고 힘들며 오랜 시간이 걸립니다. 반면에 폭력을 통한 갈등의 해결은 즉각적이고 간편하고 쉬어 보입니다. 그런 학생들은 어떤 선택을 할까요? 어떤 갈등 해결 방법을 택할까요? 아마도 많은 학생이 즉각적이고, 간편하고, 쉬운 방법을 선택하겠지요. 그럼 학교는 어떻게 될까요? 학교 이곳저곳에서 매일 이런저런 갈등으로 인한 결투가 빈번하게 발생하고, 학교는 커다란 결투의 장이 될 것입니다.

결투가 과연 갈등을 해결하는 방법인가요? 결투를 통해 누군가가 이기면 그 갈등은 종결되고 해결되나요? 결투에 진 학생은 분노에 휩싸여 복수를 꿈꿀 것입니다. 어쩌면 그 결투에서 진 학생의 친구가 친구의 복수를 위해 상대에게 결투를 신청할지 모릅니다. 심지어 어떤 친구는 결투를 빙자해 자기보다 약한 친구들에게 폭력을 일삼고 괴롭힐 것입니다. 그렇게 점차 학교는 폭력의 공간이 되어가고, 물리적 힘이 강한 사람이, 폭력적인 사람이 지배하는 원시적·야만적 공간이 될 것입니다. 그런 학교에서 강현이는 행복한 생활을 할 수 있을까요? 학교라는 공간에서 안전을 보장받을 수 있을까요? 강현이는 그런 학교에 가고 싶을까요?

그렇습니다. 우리 사회는 사회를 구성하는 개인 모두의 안전과 행복을 위해 결투, 즉 개인 간의 합의에 기초한 물리력, 폭력의 행사를 허용하지 않고 처벌합니다. 그렇지 않으면 우리 사회는 폭력이 지배하는 야만의 사회가 될 것이고, 그 사회에서 누구도 생명·신체·재산에 대한 안전을 보장받지 못할 뿐만 아니라 행복한 일상을 영위할 수 없을 것입니다.

폭력이 아닌 대화를 통한 해결을

강현이의 가장 큰 잘못은 무엇일까요? 학교에서, 사회에서 허용하지 않은 결투라는 행위를 한 것인가요? 물론 표면적으로는 강현이가 허용되지 않는 폭력을 행사한 것이 잘못입니다. 그러나 좀 더 깊이 생각해보면, 강현이의 본질적인 잘못은 대화가 아닌 폭력을 통해 갈등을 해결하려 했다는 것입니다.

강현이는 친구들로부터 현수가 하고 다닌다는 이야기를 듣고 바로 현수에게 결투를 신청했습니다. 폭력을 통해 문제를 해결하고자 한 것입니다. 친구들에게 전해 들은 이야기가 사실인지, 사실이라면 왜 그런 행동을 했는지 현수에게 확인하고 묻지 않았습니다. 현수와 대화를 통해 그런 행동을 멈춰달라고 하지 않았습니다.

강현이에게 묻습니다. 지금 현수와의 갈등은 해결되었나요? 본인이 싸움에서 이겨 강한 사람이라는 것이 증명되었으니 해결된 것인가요? 아닐 것입니다. 오히려 그로 인해 현수와 갈등이 더 깊어지고 복잡해졌을 것입니다. 이처럼 폭력을 통한 문제 해결 시도의 가장 큰, 본질적인 문제는 폭력은 결코 갈등과 문제를 해결해주지 않는다는 것입니다. 오히려 폭력은 더 큰 갈등과 더 큰 문제를 낳습니다. 폭력은 또 다른 폭력을 부를 뿐입니다.

남자다움, 사나이다움이라는 것을 물리적 힘의 강약과 연결 짓지 말기를 바랍니다. 힘이 센 것이, 싸움을 잘하는 것이, 상대를 힘으로 제압하는 것이 남자다움이 아닙니다. 그것은 폭력적인 속성일 뿐입니다. 상대방과 대화를 통한 문제 해결을 시도하는 것은 나약한 것이 아닙니다. 가장 지혜로운 사람입니다.

이제라도 그런 사실을 알았다면, 비록 상대방과의 대화가 싫고, 소통이 되지 않으며, 오랜 시간이 걸리더라도 폭력이 아닌 대화를 통한 갈등 해결을 시도해보기를 바랍니다. 물론 그럼에도 문제가 해결되지 않을 수 있습니다. 그때는 합법적인 다른 방식으로, 허용된 다른 방식으로 문제를 해결하기를 바랍니다.

강현이에게 들려주고 싶은 현수의 마음

강현이가 다른 방식으로 접근했다면, 현수와 대화를 시도했다면 지금과는 다른 상황에 이르렀을까요? 현수와의 갈등이 해결되었을까요? 이쯤에서 현수의 마음을 알아보기로 해요.

"지금 생각해보면 말이 결투이지 사실 그냥 싸움이죠. 강현이라는 친구와는 가끔 학교, 학원, 스터디카페 등에서 마주치며 건너서 얼굴, 이름만 아는 정도였는데, 스터디카페에서 몸이 부딪히며 약간의 실랑이를 한 후 이상하게 사건이 갑자기 커져버렸어요."

사실 현수는 별다른 생각, 의도 없이 그날 있었던 일을 친구들에게 이야기했고, 친구들과 이야기하던 도중 자기도 모르게 으스대는 식으로 이야기했답니다. 친구들이 강현이가 어려서부터 운동을 많이 하고 태권도, 격투기 등도 배워 싸움을 잘한다는 식으로 이야기하며, 그래도 괜찮겠냐 물어보자 자기도 모르게 순간적으로 별것 아니라는 식으로 이야기해버렸습니다. 그게 사달이 난 거죠.

"저도 모르는 사이에 제가 했던 말이 과장되고 부풀려져서 학교 친구들 사이에서 소문이 났나 봐요. 그러다 어느 날 강현이에게서 연락이 왔고요. 한판 붙자고요. 사실 저는 싸우고 싶지 않았어요. 겁이 나기도 하고, 그렇게까지 해서 누가 센지 확인하는 것도 아닌 것 같았거든요. 그런데 멈출 수 있는 상황이 아니었어요. 이미 친구들 사이에서 소문난 상황에서 제가 싸우지 않겠다고 하면 저는 겁쟁이, 비겁한 놈, 입만 산 놈이 되는 거잖아요. 그래서 어쩔 수 없이 강한 척, 센 척하며 강현이와의 결투를 쿨하게 받아들이는 것처럼 행동했어요."

현수는 지금도 그때가 제일 아쉬웠답니다. 그때라도 용기를 내어 강현이에게 사과했다면, 본의 아니게 한 말들이 와전된 것이라고 양해를 구했다면 강현이도 현수도 이런 상황에까지 이르지는 않지 않았을까 생각합니다.

"애초에 제 부주의와 경솔함으로 시작된 일이라 그건 분명히 제 잘못이고, 강현이에게 사과했어야 하는 부분이니까요. 지금 생각하면 강현이에게 사과하고 와전된 말들로 인해 생긴 강현이의 오해를 풀어주는 게 진정한 용기였는데, 그렇게 하지 못해서 너무 아쉬워요."

강현이와 현수 사이에 약간의 오해가 있었네요. 현수가 강현이를 일부러 무시하고 얕잡아 보는 말을 한 건 아니었나 봐요. 현수는 강현이와 싸우고 싶지 않았던 것 같고요. 어떤가요? 현수의 마음을 이해한 지금, 강현이는 어떤 마음이 드나요? 지금도 자신의 행동이 옳았다고 생각하나요? 현수와 대화를 통해 문제를 해결할 수 없었다고 생각하나요? 강현이가 현수에게 결투 신청이 아닌 대화를 요청했다면 강현이뿐만 아니라 현수 역시 지금보다는 훨씬 나은 상황에 있지 않을까요?

"잘못했다고
사과해"

정화가 너무 속상합니다

"얼마 전 친한 친구 정화로부터 속상한 일을 전해 들었어요. 정화
가 다니는 학원에 1학년 후배인데 태도가 불량하고 개념 없는 아이
가 있다는 거예요. 학원 친구들 사이에서 유명하다더군요. 그런데
얼마 전에 정화가 한 애와 안 좋은 일이 있었다고 불쾌해하더라고
요. 무슨 일이냐고 물어보니, 학원에서 쉬는 시간에 반을 이동하는
데 복도에서 그 애가 정화를 치고 지나가면서 정화가 들고 있던 핸
드폰과 책이 다 떨어졌다는 거예요. 그런데 그 애는 미안하다는 말
한마디 없이 그냥 가버렸다네요."

예진이의 말에 따르면, 정화는 너무 어이가 없어서 따라가서 잘못
했으면 진심으로 사과하라고 했답니다. 하지만 그 애는 정화의 얼굴
을 처다보더니 성의 없게 "아, 네 미안요." 하고는 가버렸답니다. 그

런 모습에 정화는 너무 속상하다고, 너무 무례하다고 예진이에게 하소연했습니다.

"그 이야기를 들으니 제가 너무 화가 나 어느 학교, 누구냐고 물어보니 우리 학교 1학년이고 강지영이라는 아이라고 하더군요. 그래서 그냥 두면 안 될 것 같기도 하고 정화에게 제대로 된 사과를 받게 해주고 싶어서 정화랑 다른 친구 예영이를 데리고 지영이를 찾아갔어요. 지영이 반을 찾아가 불러내서 체육관 옆 공간으로 데리고 갔어요. 거기가 한적해서 이야기하기 좋거든요."

예진이는 거기서 지영이에게 말했습니다. 정화에게 정식으로, 제대로 사과하라고. 그랬더니 지영이는 자기는 이미 사과했답니다. 그리고 사실 자기만 잘못한 것도 아닌데 너무 하는 거 아니냐고 오히려 따지더랍니다. 그 말에 예진이와 친구들이 너무 어이없어서 흥분하다 보니 욕도 나오고, 안 좋은 말도 하면서 계속 사과하라고 했습니다. 그제야 또 '아 네. 미안요.' 이러더랍니다. 그러니까 더 어이가 없고 도저히 안 되겠다 싶어 친구들이랑 그냥 돌아왔습니다.

"그런데 글쎄 어제 갑자기 지영이가 저랑 친구들을 학교폭력으로 신고했다는 거예요. 아니, 자기 잘못한 건 모르고, 자기 잘못한 걸 사과하라고 하는 걸 학교폭력으로 신고하다니요. 아니 이게 말이 되나요?"

예진이의 말도 일리가 있습니다. 누구나 잘못을 하면 상대방에게 사과해야 하고, 상대방은 사과를 받을 이유가 있습니다. 그런데 예진이와 친구들의 행동이 왜 문제가 될까요? 잘못에 대해 사과를 요구했을 뿐인데 대체 왜 잘못되었다는 걸까요?

누구나 양심의 자유가 있다

사전을 찾아보면 사과는 '자신의 잘못을 인정하고 용서를 구함' 이라고 정의되어 있습니다. 여기에서 예진이와 친구들의 궁금해하는 답의 실마리를 찾을 수 있겠네요. 사과의 의미에서 볼 수 있듯이 사과는 잘못에 대해 용서를 구하는 것이지만, 잘못을 한 사람이 자신의 잘못을 인정하는 것을 전제로 하고 있음을 알 수 있습니다. 즉 사과는 잘못을 한 사람 스스로 자신의 잘못을 깨닫고 인정해 상대방에게 미안한 마음이 우러나와 자신의 잘못에 용서를 구하는 것이지, 누군가의 강제로 이루어지는 것이 아닙니다.

사과의 의미는 알겠는데 상대방이 자신의 잘못을 인정하지 않으니까 사과를 요구하는 것이고, 예진이와 친구들은 사과를 받을 권리가 있지 않으냐고요? 과연 그럴까요? 우리는 누군가가 나에게 잘못을 하면 사과를 받을 권리가 있다고 생각하는데요, 과연 그럴 권리가 우리에게 있는지 살펴보겠습니다.

예진이와 친구들은 '양심' 이라는 단어를 들어보았죠? 혹시 그 양심의 의미가 어떤 것인지 알고 있나요? 우리는 일상에서 흔히 양심이라는 단어를 '너는 양심이 있냐 없냐?', '너는 양심도 없다' 등의 표현으로 주로 사용하고 있습니다. 이 표현에서 사용되는 양심의 의미는 양심의 사전적 의미인 '어떤 일의 옳고 그름을 판단하는 마음씨'를 의미하고, 주로 상대방이 잘못된 행동이나 옳지 않은 일을 했을 때 그 잘못을 타박하는 의미로 사용합니다. 즉 상대방의 행동이 잘못되었다는 전제 아래 잘못을 한 상대방이 옳고 그름을 판단하는 마음인 양심이 없다고 타박하죠.

그런데 예진이와 친구들은 혹시 '양심의 자유'라는 표현을 들어본 적이 있나요? 우리 대한민국 헌법은 '모든 국민은 양심의 자유를 가진다.'라고 하여 대한민국 국민이라면 누구나 양심의 자유를 기본권으로 가짐을 밝히고 있습니다. 헌법이 무엇인가요? 헌법은 그 나라 국민이라면 누구나 누려야 할 기본권 보장을 위한 체계 및 통치 체계에 관한 규정을 담고 있는 한 나라의 최고법입니다. 헌법에 기본권으로 보장된 권리는 국민 누구나 타인의 권리 및 공공의 이익을 침해하지 않는 범위 내에서는 마땅히 누려야 할 권리입니다. 따라서 지영이에게도, 예진이와 친구들에게도 양심의 자유가 있겠네요.

양심의 자유란 구체적으로 무엇일까요? 헌법재판소는 우리 헌법의 해석에 관한 최종적 권한을 가지는 기관입니다. 헌법재판소에서 밝히고 있는 양심의 의미, 양심의 자유가 무엇인지 정리해보겠습니다. 사람은 누구나 양심의 자유를 가집니다. 그 양심, 즉 어떤 일의 옳고 그름의 판단은 지극히 주관적이고 사람마다 다르고, 그 양심을 벗어나 행동하는 것은 그 사람에게 인격적 균열을 초래할 정도의 심각한 충격을 주는 행위입니다. 그 때문에 누군가의 양심이 사회의 혹은 다수의 도덕적 기준이나 판단과 다르다고 해서 그 양심상 결정에 따른 행위를 잘못된 것으로 판단해 다른 행위를 하도록 강제하거나 강요할 수 없습니다.

예진이도 그런 일 있지 않나요

예진이와 친구들은 지영이의 행위가 잘못되었다는 것을 전제로 지영이에게 사과를 요구했습니다. 그런데 사과는 자신의 잘못을 스스로 인정해야 가능하고, 자기 행위의 옳고 그름을 판단하는 것, 즉 지영이의 행위가 잘못한 것인지, 정화에게 사과해야 할 일인지는 어디까지나 지영이의 양심의 자유 영역에 해당하는 문제입니다.

예진이와 친구들은 지영이가 잘못했다고 생각할 수 있고, 실제로 다른 누군가 보더라도 지영이가 잘못한 것으로 볼 수 있습니다. 하지만 그렇더라도 지영이 스스로 그것을 잘못으로 느끼지 않는다면, 법령의 절차에 따르지 않고서는 누구도 지영이에게 사과를 강요할 수 없습니다. 그것은 우리 헌법이 보장하고 있는 양심의 자유를 침해하는 일이고, 지영이에게 자신의 양심에 반하는 행동을 강제함으로써 심각한 정신적 고통을 주는 행위에 해당합니다.

내용이 너무 추상적이고 어렵나요? 그럼 예진이와 친구들이 처지를 바꾸거나 자신의 경험에 비추어 생각해볼까요? 예진이와 친구들은 지금까지 부모님이나 선생님으로부터 자기 잘못이 아닌데, 아니면 자기 잘못을 넘어서는 부분에 대한 것까지 꾸지람을 들은 적이 없었나요? 없었다면, 그런 상황을 가정해보세요.

분명 나는 부모님이나 선생님께 꾸지람을 들을 만한 행동을 한 적이 없는데 혹은 내 행동이 꾸지람을 들을 만한 일이 아니라고 생각하는데, 부모님이나 선생님이 내 말을 들어주지도 않고 막무가내로 내 잘못이라고 몰아붙이며 꾸지람을 한다면 어떨까요? 아무리 부모님이나 선생님이라고 해도 그렇게 내 잘못을 단정하고 몰아붙인다면 너무 억울하고 마음도 아프고 괴롭지 않을까요? 그렇습니다. 지영이도 그런 마음이었을 거예요. 더구나 모르는 선배 여러 명이 함께 와서 일방적으로 사과하라고 다그치니 더욱 힘들었을 것입니다.

또 다른 폭력이 될 수 있음을

그럼 상대방 잘못에 사과도 받지 못하나요? 사과를 요구할 권리와 자유도 있지 않나요? 네, 맞습니다. 우리는 나에게 잘못을 한 상대방에게 사과를 요구할 수 있고, 받을 필요도 있습니다. 다만 언제나 그렇듯이 그 '방법'과 '정도'가 문제입니다. '폭행 또는 협박으로 혹은 그와 유사하거나 동질로 평가되는 강제력을 행사해 타인의 권리행사를 방해하거나 의무 없는 일을 하게 하는 행위'를 강요라 하고, 그 행위는 학교폭력으로 평가됩니다. 우리는 타인에게 사과를 요구할 수 있지만, 그 요구가 지나치거나 방법이 잘못되면 강요에 해당해 학교폭력이 될 수 있습니다.

타인의 잘못에 사과를 요구할 수 있고 타인에게 사과를 요구했다는 것 자체만으로 학교폭력이라 할 수 없지만, 그 사과의 요구가 타인의 양심의 자유를 침해하고 억압하는 방식으로, 타인에게 위협과 폭력으로 느껴질 수 있는 방식으로 이루어진다면, 그것은 타인의 잘못과 별개의 또 다른 잘못이고 폭력이자 타인 권리에 대한 침해입니다. '강요'라는 학교폭력에 해당합니다.

예진이와 친구들의 행동을 살펴볼까요? 예진이와 친구들은 다음과 같은 점에서 강요로 학교폭력이라 할 수 있습니다. 우선 예진이와 친구들은 전후 사정을 살피지 않고 지영이와 정화가 부딪힌 것이 지영이의 잘못이라고 단정해 지영이에게 일방적인 사과를 강제했습니다. 그런데 과연 지영이도 그렇게 생각할까요? 자신이 잘못했다고 생각할까요?

일반적으로 학원의 복도는 넓지 않고 쉬는 시간에는 이동하는 많은 학생으로 붐빕니다. 그래서 흔히 오가다 신체 접촉이 많이 발생하므로 각자가 주변을 잘 살피고 조심해야 합니다. 지영이와 정화가 서로 부딪혔을 때 정화는 앞을 잘 보고 가는데 지영이만 부주의해서 그런 걸까요? 지영이도 조심했는데 어쩌다 보니 부딪힐 수 있지 않았을까요? 혹은 정화도 주위를 잘 살피지 않고 이동하지 않았을까요?

이처럼 지영이의 입장에서는 정화와 부딪힌 상황이 일방적인 자신의 잘못이 아니라고 생각했을 수 있습니다. 그래서 사과해야 할 이유를 느끼지 못했을 수 있고요. 그런데 예진이와 친구들은 일방적이고 집요하게 지영이에게 사과를 요구했고, 심지어 이미 사과했음에도 진정한 사과가 아니라며 또다시 사과를 강제했으며, 그 과정에서 욕설과 조롱, 위해를 가할 것 같은 행동을 했습니다.

이와 같은 행위는 단순히 사과를 요구하는 것을 넘어, 신체적·심리적 위협을 사용해 지영이의 양심의 자유를 침해하는 것이고, 지영이에게 의무 없는 사과를 강요하는 것입니다. 그것은 지영이의 행동이 잘못되었다고 해도 마찬가지입니다.

또한 예진이와 친구들은 '집단'을 이루어 지영이를 찾아가 불러내고 사과를 강요했습니다. 처지를 바꿔 누군가 예진이를 집단으로 찾아와 불러내고 무언가를 요구하며 다그친다면 예진이는 어떤 마음일까요? 그것도 위계 관계가 있는 선배들이 단체로 찾아와 그런다면? 예진이 역시 많은 위협과 두려움을 느끼지 않을까요?

그렇습니다. 여러 명이 한 사람에게 무엇을 요구하는 것 자체로 혼자인 상대방에게는 커다란 위협과 두려움이 될 수 있습니다. 그 과정에서 명백한 신체적 폭력이 동반되지 않았다고 해도 여러 명이 모인 다중의 위력 자체가 상대방에게는 폭력으로 느껴질 수 있습니다. 예진이와 친구들이 단체로 지영이를 찾아가 불러내어 사과하라고 다그친 것은 그 자체로 지영이에게 위협과 두려움을 주는 심리적 폭력에 해당합니다.

직접 가해하지
않았지만

초대되어 같이 있었을 뿐이라고요

얼마 전 황당한 일을 겪었다는 현아. 학교폭력으로 신고 되었답니다. 상황은 이렇습니다.

"학교에 친한 친구 다섯 명 정도 있는데, 누구나 그렇듯이 친한 친구 무리가 있고 그냥 아는 친구들이 있잖아요. 그 친구들과 같이 밥 먹고, 놀러 다니곤 하지만 주로 카카오톡, 페이스북 메시지, 인스타그램 DM 등 SNS를 통해 많은 것을 공유하며 시간을 보내죠. 그런데 얼마 전 집에 있는데 갑자기 단톡방에 초대되었어요. 친한 친구 중 한 명인 인애가 보낸 거라서 들어가 보았더니 거기에 저희 무리가 다 있었어요. 그런데 보니까 처음 보는 이름이 있는 거예요. 뭐지? 하고 상황을 좀 지켜보니까 그 친구가 저희 친한 친구 중 한 명인 수지 욕을 그렇게 하고 다녔나 봐요."

예전에 수지와 알고 지내던 아이인데, 서로 다투고 멀어졌답니다. 그런데 여기저기서 수지를 욕하고 다닌다는 이야기가 들렸답니다. 그래서 수지가 너무 화가 나고 속상해하니 인애가 단톡방을 만들어 그 친구를 초대했습니다. 인애는 수지를 도와주고 싶었던 것 같아요. 친구들이 그 친구에게 따지고, 잘못을 사과받게 해주고 싶었던 거겠죠.

"그렇게 단톡방에서 인애가 주도해서 그 친구에게 왜 그렇게 수지 욕을 하고 다니는지 따지는데, 그 친구가 너희들이 뭔데 남의 일에 참견이냐는 식으로 이야기하고, 비아냥거리고, 말도 함부로 해서 분위기가 좀 나빠졌어요. 그러다 보니 어느 순간 욕 비슷한 심한 말도 하고, 조롱하고, 사과하라고 강요하고 그랬던 것 같아요."

현아는 사실 그 친구와 수지 일도 잘 모르고, 방에 늦게 초대되어 상황도 잘 모르고 해서 대화에 끼어들지는 않았답니다. 친구들이 나서서 인애를 도와주는데 현아만 아무 말 하지 않고 있을 수는 없으니 친구들에게 동조해주는 의미로 'ㅋㅋ'라고 하거나, '그러게 ㅋㅋ', '존나 웃기네' 같은 톡을 몇 번 했답니다. 그렇게 그날 단톡방은 마무리되었답니다.

"사과를 받은 건지 받지 않은 건지도 잘 모르겠어요. 그 친구가 어느 순간 단톡방을 나갔고, 친구들이 그 친구를 다시 계속 초대하자 그 친구가 결국 들어와서 미안하다는 식으로 이야기하고 끝났던 것 같아요. 그렇게 기억에서 잊고 있었는데, 며칠 전 갑자기 선생님께서 부르신 거예요. 학교폭력으로 신고되었다고. 들어보니 그 친구가 그날 단톡방에 있었던 저희 친구 모두를 학교폭력으로 신고했다고 하더라고요. 그런데 저는 그냥 그 방에 초대받고 들어갔을 뿐인데, 아무 말도 하지 않고 몇 번 'ㅋㅋ'했을 뿐인데, 학교폭력이라니요? 이건 너무한 것 아닌가요?"

그런데 그게 학교폭력이라니요

당황스럽고 억울한 것 같네요. 사실 현아는 자기가 특별히 그 친구에게 뭔가 폭력적인 말이나 행동을 한 사실이 없다고 생각할 수 있을 거예요. 그렇다면 과연 그런 건지, 현아의 생각처럼 현아는 정말 아무런 잘못도 한 일이 없는지, 억울하게 신고당한 것인지 한번 살펴볼까요?

우선 인애를 비롯한 현아 친구들의 행동은 '사이버폭력'으로 학교폭력에 해당합니다. 학교폭력예방법은 "사이버폭력이란 정보통신망을 이용하여 학생을 대상으로 발생한 따돌림과 그 밖에 신체·정신 또는 재산상의 피해를 수반하는 행위를 말한다"고 규정해, 카카오톡, 문자메시지, 페이스북 메시지, 인스타 DM, 댓글 등 인터넷, 모바일 환경 이른바 사이버상에서 이루어지는 모든 형태의 폭력을 사이버폭력으로 다루고 있습니다. 인애와 친구들은 카카오톡 단톡방이라는 사이버공간에서 사과를 강요하고 욕설과 조롱을 하는 등으로 상대에게 정신적인 피해를 준 것이므로 그들의 행위는 학교폭력입니다.

저는 아니라고요? 현아는 특별히 그 친구에게 사과를 강요하거나 욕을 하는 등의 행동을 하지 않았다고요? 그렇습니다. 현아가 그런 행동을 한 사실은 분명히 없습니다. 그렇기에 자신은 학교폭력이 아니라고 할 수도 있겠죠.

그런데 학교폭력예방법은 "가해학생이란 가해자 중에서 학교폭력을 행사하거나 그 행위에 가담한 학생을 말한다"고 규정해, 어느 학생이 다른 학생에게 직접적으로 학교폭력을 행사하지 않았다고 해도 그 학생의 행동이 학교폭력에 '가담'한 것으로 평가되는 경우 그 학생 또한 학교폭력 가해학생으로 조치를 하도록 규정하고 있습니다. 현아의 행동이 인애를 비롯한 친구들의 학교폭력에 가담한 것으로 평가되는 경우 현아 역시 학교폭력 가해학생으로 조치를 받을 수 있습니다.

그럼 과연 어떤 경우에, 어느 정도 행위를 해야 학교폭력에 '가담'한 것으로 평가될까요? 현아의 행동은 학교폭력에 가담한 것일까요, 아닐까요? 학교폭력예방법은 가담이라고만 규정하고 있을 뿐, 구체적으로 어떤 경우에 가담한 것으로 평가되는지 그 기준을 제시하고 있지는 않기에, 형법에서 말하는 '공동정범'과 '공범', 특히 '방조범'에 해당하는지를 그 기준으로 삼을 수밖에 없습니다.

방조하거나 가담하거나

우리나라 형법은 범죄를 '함께' 실행한 자를 '공동정범'이라고 하여 여러 명이 하나의 범죄 일부를 나누어 맡아 실행하더라도 각자의 행위를 초과한 다른 모든 공동정범의 행위 전부에 대한 책임을 묻습니다. 만약 현아의 행동이 인애와 친구들이 행한 사이버폭력을 '함께' 한 것으로 평가된다면, 즉 친구들의 행동에 동참한 것으로 평가된다면, 이는 학교폭력을 직접 행사한 것이거나, 그들의 행동에 가담한 것으로 평가되어 학교폭력 가해학생이 될 것입니다.

한편, 형법은 범죄를 직접 실행하거나 그 실행에 참여한 사람뿐만 아니라 범죄를 직접 실행·참여하는 자를 유형, 무형의 방법으로 범죄가 쉽게 이루어지도록 돕는 이른바 '방조범' 역시 처벌하도록 규정하고 있습니다. 타인의 범행을 방조한다는 것의 의미를 '범죄를 직접 실행하는 자를 도와 범죄가 쉽게 이루어지도록 하는 유형, 무형의 모든 행위'로 아주 폭넓게 이해하고 있습니다. 만약 현아의 행동이 친구들의 학교폭력을 '함께' 한 것으로 평가되지 않더라도 친구들의 행동을 '도와준 것'으로 평가된다면 그 역시 학교폭력에 '가담' 한 것에 해당되어 학교폭력 가해학생으로 그에 따른 조치를 받을 수 있습니다.

현아는 학교폭력에 가담한 것인가요, 아닌가요? 우선 현아가 처음부터 상대 학생에게 사과를 강요하거나 혼내주려거나 하는 의도·

목적을 다른 친구들과 공유했던 것은 아닌 것 같아요. 만약 그렇다면, 즉 처음부터 현아가 그런 의도·목적을 알고 그 단톡방에 참여했다면, 현아가 그 단톡방에서 별다른 행위를 하지 않았다고 해도 학교폭력에 가담한 것으로 평가될 수 있어요. 다행히 현아는 그런 사실을 전혀 모른 상태에서 인애의 초대로 단톡방에 초대된 것이므로 현아가 그 단톡방에 있었다는 그 사실 자체만으로, 단순히 그 방에서 나가지 않았다는 사정 혹은 친구들의 행동을 말리지 않았다는 이유만으로 현아의 행위를 학교폭력에 가담한 것으로 평가하기는 어려울 것입니다.

폭력에 동조하지 않았다고 해도

문제는 현아 또한 일정한 행위를 했다는 것이고, 그 행위가 다른 친구들 행동에 동조한 것 혹은 참여한 것으로 평가될 여지가 많다는 것입니다. 현아는 스스로 언급했듯이 친구들의 행동에 '동조'하는 의미로 친구들이 상대에게 따지고, 사과를 강요하고, 조롱하고 욕설하는 말을 하는 중간중간 ㅋㅋ, 그러게 ㅋㅋ, 존나 웃기네 등의 톡을 했습니다. 현아 입장에서는 상대를 욕하거나 비난, 조롱하려는 의도가 아니라 그저 친구들과의 관계 때문에 동조하지 않을 수 없어 의미 없이 쓴 톡일 수 있지만, 상대 입장에서는 어떨까요?

갑자기 누군가 초대해서 단톡방에 들어가게 되었습니다. 갑자기 누군지도 모를 아이들이 막무가내로 따집니다. 잘못했으니 사과하라고 요구합니다. 심지어 욕을 하며 비아냥거립니다. 자기들끼리 ㅋㅋㅋ 거리고 서로 웃습니다. 상대에게 사과를 강요하고 욕설을 한 아이는 상처를 준 아이이고, 그저 ㅋㅋㅋ 거린 아이는, 동조한 아이는 상처를 주지 않은 아이일까요? 상대에게는 그 방에 있던 친구들 전부가 '단체로', '집단으로' 자신을 괴롭히고 상처를 준 것이 아닐까요? 그렇습니다. 비록 정도의 차이가 있을지는 몰라도 분명히 현아 또한 친구들 행동에 동조하고 참여했습니다.

혹시 '때리는 시어머니보다 말리는 시누이가 더 밉다' 라는 속담을 들어본 적이 있나요? 이 속담은 사전적 의미로는 '겉으로 위해주는 체하면서 속으로 헐뜯는 사람이 더 밉다' 를 비유적으로 이르는 말인데, 흔히 직접 자신에게 해를 끼치는 사람뿐만 아니라 그 곁에서 동조하고 동참하는 사람 역시 마찬가지로 밉다는 의미로도 사용됩니다. 일제강점기 때 일본 제국주의에 편승해 동포를 괴롭힌 사람들, 이른바 학교 일진과 함께 다니면서 그 위세를 빌어 다른 친구를 괴롭히는 친구들을 빗대어 사용할 수 있겠죠. 그 단톡방에 있었던 그 상대 친구에게는 현아가 '말리는 시누이' 였을 수 있습니다.

만약 현아가 정말 친구들 행위에 동참하지 않으려고 했다면 그 방에서 나와야 했습니다. 친구들의 행동을 말려야 했습니다. 친구들과의 관계로 인해 그럴 수 없었다면 적어도 동조하는 발언은 하지 말아야 했습니다. 현아의 의도는 그렇지 않았다고 해도 현아의 그런 행동 역시 친구들 행동 못지않게 상대에게 상처를 주었다는 사실을, 그렇기에 현아의 행동 역시 얼마든지 학교폭력에 가담한 것으로 평가될 수 있다는 사실을 알았기를 바랍니다.

폭력을 폭력으로
응징했을 때

나쁜 아이를 혼내준 게 잘못인가요

유성이는 요즘 너무 화가 나는 일이 생겼습니다. 얼마 전에 학교폭
력으로 신고되었으니까요. 자신은 잘못한 것이 없는데, 학교폭력이
라고 하니 너무 화가 나고 억울하답니다.

"저희 반에 정태라는 아이가 있는데, 반 분위기를 많이 흐리고, 반
친구들을 자주 괴롭혀요. 수업시간에 자꾸 떠들어 분위기를 흐리고,
조를 나누어 진행하는 수업이나 과제에서 정태 때문에 조별 과제를
망치기도 하고요. 자꾸 반 친구들에게 패드립 같은 욕을 하고, 조금
약해 보이는 애들에게는 UFC 이런 걸 흉내내는 장난을 빙자해서 폭
력을 행사하고, 빵 셔틀, 게임 캐릭터 셔틀, 와이파이 셔틀 등으로
친구들을 괴롭히더라고요."

그 친구가 덩치도 있고 격투기도 배웠다고 자랑하곤 해서 그런지

반 친구들이 다들 정태를 싫어하면서도 뭐라고 대항하지 못했답니다. 며칠 전에도 그랬습니다. 정태가 또 반 친구를 괴롭히고 있었습니다. 정태가 반 친구에게 무언가를 시키거나 요구했는데 그 친구가 거부한 것 같았답니다. 그랬더니 정태가 막 심하게 욕을 하더니 그 친구의 목을 조르고 팔을 꺾으며 괴롭히는 겁니다. 반 친구는 그저 당하고만 있었답니다.

"그래서 제가 보다 못해 다가가서 말렸어요. 그리고 정태에게 그만하라고 했죠. 그랬더니 정태가 나한테도 심한 욕을 하면서 네가 무슨 상관이냐고, 꺼지라고, 너도 혼나볼 거냐고 하더라고요. 그렇게 나오니까 순간 너무 화가 나더라고요. 한편으로는 이참에 혼내주어야겠다는 생각이 들었어요. 사실 선생님께서 정태의 행동을 여러 번 주의 주었는데도 바뀌지 않았거든요. 그래서 이참에 버릇을 고쳐주어야겠다고 생각하고는 손과 발로 정태를 몇 대 때렸어요."

몇 대 맞은 정태는 유성이에게 달려들었습니다. 유성이도 어려서부터 태권도, 복싱, 격투기 등을 해서 누구한테 맞을 정도는 아니라서, 유성이 표현을 그대로 빌리면 '반 친구들이 보는 앞에서 혼을 내주었' 답니다.

"그랬더니 정태는 창피했던지 이후로는 조용하더군요. 예전과 달리 반 친구들에게 욕을 하지 않았고 괴롭히지도 않더라고요. 그래서 제가 반에서 영웅이 되었죠. 자신들을 괴롭히던 나쁜 놈을 제가 혼내준 거니까요. 그렇게 저희 반에 평화가 찾아왔는데, 어제 갑자기 선생님이 저를 부르시더라고요. 정태의 부모님이 저를 학교폭력으로 신고했다고요. 정태를 때린 거 맞냐고요. 정태가 많이 다쳤다고요. 저는 선생님께 지금까지 상황을 다 말씀드렸어요. 정태가 어떤 아이인지, 정태로 인해 반 친구들이 얼마나 힘들어했는지, 정태를 혼내준 후에 반 분위기가 얼마나 좋아졌는지 이야기했어요."

선생님은 친구들을 위한 마음도 기특하지만 그래도 그런 행동은 폭행이자 상해로 학교폭력이랍니다.

유성이는 지금도 이해가 안 됩니다. 정태가 먼저 잘못했고, 반 친구들을 위해 정태를 혼내준 건데 학교폭력이라니!

"그건 오히려 정의로운 일 아닌가요? 그런 나쁜 아이를 계속 내버려두고, 계속 당하기만 하라는 건가요?"

그렇다고 폭력이 정당화될 수 있을까

유성이가 많이 억울한 것 같아요. 그렇습니다. 유성이의 마음도 충분히 이해됩니다. 유성이가 정태를 괴롭히거나 이유 없이 때린 것도 아니고 반 친구들을 위하는 마음에서 나온 행동이기도 하고요. 어쩌면 학교 혹은 선생님이 하지 못한 정태의 행동을 제지한 결과가 되었기도 하고요.

그렇다고 과연 유성이의 행동이 정당화될 수 있을까요? 유성이의 행동이 폭행이나 상해가 아니라고, 위법한 게 아니라고, 학교폭력이 아니라고 할 수 있을까요? 누군가 잘못을 하면 누구든 그 사람을 혼내주어도 되는 걸까요? 누구든 그 사람에게 폭력을 행사해도 되는 걸까요? 그 사람은 잘못을 저지른 사람이니까 당연히 그 폭력을 당해도 괜찮은가요?

조금 극단적으로 한번 생각해볼까요. 매우 나쁜 범죄자가 있습니다. 그 범죄자가 내 가족, 내 친구에게 심각한 범죄를 저질렀습니다. 그렇다면 나는 그 범죄자를 똑같은 범죄로 응징하거나 그 사람의 생명을 앗아가도 되는 걸까요? 그 범죄자가 나쁜 사람이니까, 내 가족, 친구, 이웃, 사회에 매우 커다란 해악을 끼쳤으니까 그 범죄자에게 폭력을 행사하는 것은 정당한 일인가요?

그렇다면 누가 나에게 그 범죄자를 응징할 권한 혹은 권리를 주었나요? 누가 유성이에게 정태를 응징할 권한 혹은 권리를 주었나요? 만약 누구나 잘못을 한 누군가를 개인적으로 응징할 권리가 있고, 그것을 위법하지 않다고 한다면 우리 사회는 어떤 모습일까요?

어쩌면 유성이에게는 아직 어려운 말일 수 있습니다. 하지만 이것을 이해해야 왜 선생님이 유성이의 행동이 그와 같은 상황에도 불구하고 학교폭력이라고 말씀하셨는지 이해할 수 있고, 유성이의 화나고 억울한 감정이 해소될 수 있을 것입니다.

법률이 정한 절차에 따른 처벌

유성이는 사적 제재라는 표현을 들어본 적이 있나요? 사적 제재란 국가의 사법 시스템 등 법률에 근거한 절차에 따르지 않고 개인 또는 사적 단체가 특정인에 대해 임의로 행하는 징계, 불이익, 처벌을 의미합니다. 현대 국가는 대부분 '죄형법정주의', 즉 죄와 형벌은 법률에 규정되어야 한다는 대원칙에 따라 개인에 대한 형벌ㆍ처벌을 반드시 법률에 근거해, 법률에서 규정한 절차에 따라, 법률에 규정된 형벌만을 부과하도록 규정하고 있고, 사적 제재는 물론 법률에 근거하지 않은 국가 공권력의 형벌권 행사 역시 엄격하게 금지하고 있습니다.

이는 어떤 행위가 범죄에 해당하는지, 그 범죄에 어떤 형벌을 내릴 것인지, 어떤 절차에 따라 형벌권을 행사할 것인지, 누가 형벌권을 행사할 것인지 등은 모두 국민으로부터 권한을 위임받은 국회가 제정한 법률에 따라 결정되고 이루어져야 한다는 것으로, 우리나라 역시 헌법에서 죄형법정주의를 형사법의 기본 원칙으로 규정하고 있습니다. 한 개인에 대한 형벌권의 행사는 법률의 규정을 통해 형벌권을 행사할 수 있는 국가기관에 의해, 법률에서 규정한 엄격한 절차에 따라야 하고, 그 외 누구도, 어떤 기관도 법률에 따르지 않고서는 개인에 대한 형벌권을 행사할 수 없습니다. 결국 사적 제재의 금지 역시 이런 현대 법치주의 국가의 죄형법정주의 이념에 따라 금지

됩니다.

죄형법정주의와 유성이의 행동이 무슨 관계냐고요? 유성이 사례와 관련해서 살펴보기로 하죠. 정태는 반의 여러 친구에게 폭력을 행사하고 강요하는 등으로 잘못을 저질렀습니다. 그런 정태의 행동은 학교폭력에 해당하기도 하고, 일부는 형사처벌의 대상이기도 합니다.

그럼 정태에 대한 징계 혹은 처벌은 누구에 의해, 어떤 절차에 따라 이루어져야 할까요? 누구나, 아무렇게나 정태를 처벌하고 징계하면 되는 걸까요? 아닙니다. 우리 법률은 학교폭력예방법에 따라 일정한 절차를 거쳐, 학교폭력대책심의위원회의 의결에 기초해, 교육장 또는 교육감이 법률의 규정에 따라 합당한 조치를 하도록 규정하고 있습니다. 또한 형법, 소년법 등에 기초해 수사기관의 수사를 거쳐, 수사기관의 송치·기소 등에 따라, 소년법원 또는 형사법원 판사가 법률에 규정된 보호처분 혹은 형벌의 범위 내에서 합당한 처분 혹은 형벌을 부과하도록 규정하고 있습니다.

따라서 정태에 대한 징계와 처벌은 학교 혹은 수사기관에 신고해 그에 따른 절차를 거쳐 이루어져야 하고, 유성이나 다른 누군가가 그런 절차에 따르지 않거나 무시한 채 자기 마음대로 처벌할 수 없습니다. 그런데 유성이는 정태를 학교 혹은 수사기관에 신고하지 않고 자기 마음대로, 반 친구를 위한다는 명목으로 폭행하거나 상해를 하는 방식으로 응징하고 처벌했죠. 이런 유성이의 행동은 법률에 규정된 절차에 따르지 않고 자기 마음대로 국가 형벌권을 대신 행사하는 것으로, 우리 헌법이 금지하고 있는 전형적인 사적 제재에 해당합니다.

사적 제재의 위험성

어때요? 유성이도 자신의 행동이 사적 제재에 해당하고, 죄형법정주의에 위반된다는 사실을 이제 알았을까요? 그럼 대체 왜 현대 법치주의 국가는, 우리나라는 죄형법정주의라는 것을 규정하고 있고, 사적 제재를 금지하고 있을까요? 어떻게 보면 유성이의 행동은 반친구 모두를 위한 일이었고, 정의로운 일이 아니었나요? 이른바 정의를 구현한 것이 아닌가요? 그 이유는 바로 사적 제재의 위험성 때문입니다.

인류는 오랜 역사를 통해 사적 제재의 위험성, 즉 사적 제재가 가져온 인간성·생명 파괴의 참상 및 사회적 혼란을 생생하게 경험했기에, 그 경험 및 과거에 대한 반성으로 법치주의, 죄형법정주의를 이념으로 삼고 사적 제재 역시 금지한 것입니다.

너무 추상적이라고요? 좀 더 쉽게 이해할 수 있도록 유성이의 반 혹은 유성이가 다니는 학교를 하나의 사회, 국가로 상정하고 이야기를 해보기로 해요. 만약 유성이 학교에서 사적 제재가 허용된다면,

즉 누구라도 타인의 잘못에 대해 자기 스스로 판단해 자신의 방법대로 처벌할 수 있다면, 누구라도 정의의 이름으로 타인을 단죄할 수 있다면 과연 유성이가 다니는 학교라는 사회는 어떤 모습이 될까요? 누구도 잘못하지 않는, 잘못에 합당한 책임을 지는, 정의로운 사회가 될까요?

그러면 좋겠지만 아마도 그렇지 않을 것입니다. 그야말로 대혼돈, 무법천지, 약육강식의 장이 될 것입니다. 어쩌면 처음 얼마간은 정의롭고 평화로운 모습을 보일 수 있습니다. 누구나 내 잘못을 단죄할 수 있다는 생각에 모두가 행동을 조심하고 타인에게 해를 끼치지 않으려고 할 수도 있습니다.

어느 순간 이상한 일이 벌어지기 시작합니다. 한 아이가 다른 아이를 마구 때리더니 상대 아이가 잘못해서 벌을 준 거라고 합니다. 여기저기서 그런 일이 발생합니다. 심지어 어떤 아이는 전혀 잘못이 없는 것으로 보이는데 누군가에게 잘못을 지적받고 혼나고 처벌을 받습니다. 변명의 기회조차 주지 않습니다. 잘못이 없다는 사실에 대해 항변할 수도 없습니다. 정의의 이름 앞에 맞고만 있을 뿐입니다. 누군가 상대의 조그만 잘못을 문제 삼으며 큰 폭력을 행사합니다.

그렇게 어느 순간 유성이네 학교는 정의, 응징이라는 이름으로 행사되는 무자비한 폭력이 넘쳐납니다. 폭력을 행사한 아이가 자기는 정당하다고 합니다. 상대의 잘못을 응징했을 뿐이라고, 정의를 구현

했을 뿐이라고 합니다. 그렇게 유성이네 학교는 정의와 응징의 이름으로 폭력이 난무하는, 그런데 아무도 그것을 통제하지 못하는 무법 천지의 상황이 됩니다.

폭력을 정당화하는 변명일 뿐

시간이 지나자 점점 더 이상한 일이 발생합니다. 정의의 이름으로 행사되는 그 처벌권이 누군가에게로, 특정 집단에게로 옮겨 갑니다. 시간이 지나고 보니 누구나 처벌권을 행사하는 것이 아니라 어느 아이가, 그를 둘러싼 몇몇이 자기 마음대로 처벌권을 행사합니다. 마음에 들지 않는 사람을 정의의 이름으로 처벌합니다. 그 사람은 아무 잘못도 없습니다. 누구도 쉽게 저항하지 못합니다.

이제 학교는 더는 자유롭고 평화로운 공간이 아닙니다. 언제 내가 고발되어 맞을지 모릅니다. 그들의 눈 밖에 나지 않기 위해 조심해야 하고, 비위를 맞춰야 합니다. 때로는 그들의 지시에 따라 다른 무고한 아이를 혼내야 할 수도 있습니다. 이제 학교에 평화와 정의는 없습니다. 오로지 몇몇 아이들의 권력과 폭력, 그에 대한 공포만이 학교를, 아이들을 지배합니다.

유성이는 그런 학교가 마음에 드나요? 그런 학교, 그런 사회에서 살고 싶나요? 너무 비약한 거 아니냐고요? 그런 일이 실제로 발생하냐고요? 안타깝게도 비약이 아닙니다. 가정이 아닙니다. 그런 상황은 인류가 지금까지 겪은 역사적 경험이고, 지금도 세계 곳곳에서 발생하고 있는 일들입니다.

예를 들어 고려 시대 때 복수법이라는 것이 제정되어 시행된 적이 있습니다. 복수법이란 '누구나 개인적 원한이 있는 경우에 국가 권력에 의하지 않고 마음대로 복수해도 된다'는 법으로, 쉽게 말하면 개인적 원한에 따른 사적 복수를 허용하는 법입니다. 이 법이 시행되자 온 나라에 복수의 피바람이 불었을 뿐만 아니라 어느 순간 복수를 빙자한 폭력, 살인, 약탈이 난무했고, 사소한 다툼이 살인으로 번지는 경우도 많았습니다. 이처럼 순식간에 온 나라가 무법천지가 되자 복수법은 시행 1년이 되지 않아 폐지되었습니다.

이뿐만 아니라 한국전쟁 당시의 사적 제재, 중국 문화혁명 당시의 홍위병에 의한 사적 제재, 중세 유럽에서 있었던 마녀사냥 등 인류는 지금까지 수없이 많은 사적 제재로 인한 폐해를 경험했고 지금도 경험하고 있습니다.

이처럼 사적 제재는 결코 정의로운 일이 아닙니다. 사적 제재는 또 다른 폭력일 뿐이고, 누군가의 폭력을 정당화하는 변명일 뿐이며, 우리 사회의 안녕을 파괴하고 개인의 신체·생명·안전을 침해하는 커다란 사회적 위험 요소일 뿐입니다.

사적 제재의 위험한 카타르시스

이처럼 사적 제재는 우리 사회와 사회 구성원 개인의 안녕에 대한 심각한 위험으로 작용하기에 허용되지 않습니다. 그럼에도 불구하고 여전히 세계 곳곳에서, 우리 사회 곳곳에서 다양한 형태의 사적 제재가 횡행합니다.

우리나라는 최근 인터넷 공간에서 특정인과 그 가족에 대한 소위 신상털기가 흔하게 일어나는데, 이 역시 허용되지 않는 '사이버 사적 제재'에 해당합니다. 이런 사이버 사적 제재의 극단적인 형태로 2020년에 등장했던 '디지털 교도소'라는 것이 있었죠. 이 사이트는 이른바 'N번방' 사건 당시 여론의 분노에 힘입어 등장했는데, 애초의 취지와 달리 무고한 사람에 대한 무분별한 신상공개 및 공개적 비방을 통해 많은 피해자를 발생시켰을 뿐만 아니라 사이트 운영자들이 악성 이용자들의 후원 및 광고를 통해 금전적 이익을 취하는 일까지 발생해 결국 수사를 통해 운영자들은 처벌을 받고 사이트는 폐쇄되었습니다.

한편, 많은 영화, 드라마, 웹툰, 소설 등이 사적 제재를 소재로 삼습니다. 최근 인기를 끌었던 드라마 〈더 글로리〉 역시 학교폭력 피해자의 사적 복수, 사적 제재를 다루었습니다. 〈국민사형투표〉라는 웹툰과 드라마는 사적 복수, 사적 제재라는 문제를 전면에 내세웠습니다. 박찬욱 영화감독의 〈복수는 나의 것〉, 〈올드보이〉, 〈친절한 금자씨〉 등 '복수 3부작' 역시 사적 복수, 사적 제재를 모티브로 합니다. 우리나라뿐만 아니라 할리우드 영화에서도 사적 복수, 사적 제재는 가장 흔한 소재입니다. 히어로물 역시 사적 제재를 소재로 하고 있습니다. 물론 정의의 이름으로 행해지죠.

그런 사적 복수, 사적 재재라는 소재는 시청자에게 카타르시스를 제공합니다. 악을 처단하고 정의를 실현하니까요. 현실에서 이루어지지 않는 정의가 영화, 드라마 속에서 실현됩니다. 그러나 그것은 영화, 웹툰, 드라마에 불과하다는 사실을 알아야 합니다. 그 영화, 드라마, 웹툰은 완벽하게 작동하지 않는 현실 법체계의 문제점에 대한 인식과 그에 대한 대중의 불만을 대변하고 그 욕구를 극적 장치를 통해 해소해줍니다. 하지만 사적 복수나 사적 제재가 가지는 심각한 문제점을 보여주지는 않습니다.

사적 복수나 사적 제재가 특정 상황에서 한순간 카타르시스를 제공해줄지는 모르지만, 역사적 경험을 통해 배웠듯이 사적 제재가 무분별하게 행해진다면, 그로 인한 피해가 결국 자신과 가족, 이웃, 사회 전체에 돌아올 수 있다는 사실을 잊지 말아야 합니다. 사적 제재는 정의의 실현이 아닌 또 다른 폭력임을 잊지 않기를 바랍니다. 유성이가 정말 정의를 실현하고 싶었다면, 괴롭힘당하는 친구들을 돕고 싶었다면 선생님에게 정태를 학교폭력으로 신고했어야 합니다. 법률에서 정한 절차에 따라 정태가 자신의 행동에 합당한 조치를 받도록 해야 했습니다. 그 결과가 만족스럽지 않더라도 그 역시 법률에 따른 절차를 통해 해소해야 합니다.

때로는 정태가 받은 처벌이나 조치가 유성이와 다른 친구들의 생각에 합당하지 않을 수 있습니다. 그러나 그렇다고 해서 유성이나 다른 누군가 개인적으로 정태를 응징하거나 처벌할 수는 없습니다. 그것은 우리 사회가 허용하지 않는 사적 제재이기 때문입니다. 결과적 정의를 실현하는 과정과 절차 역시 정의로워야 합니다. 유성이가 이번 사건을 통해 이런 사실을 배웠기를 바랍니다. 폭력을 폭력으로 응징하는 것은 정의가 아니라는 사실을 배웠기를 바랍니다.

정당방위라는
항변

"폭력을 당하고만 있어야 하나요"

"저는 도윤인데요, 정말 궁금한 게 있어요. 사실 궁금하다기보다
는 억울하다는 마음이 더 큰 것 같아요. 사실 제가 얼마 전 영준이랑
싸운 적이 있는데요, 그 일로 제가 학교폭력 가해자가 되었어요. 물
론 영준이도 가해자이고요. 둘 다 가해자이자 피해자가 된 거죠. 그
런데 사실 엄밀히 보면 저는 피해자이거든요. 영준이가 저를 계속
괴롭혔고 저는 계속 당하다가 저항했을 뿐이거든요. 제가 듣기로는
정당방위라는 게 있다고 하던데, 저는 제 행동이 정당방위라고 생각
해요."

새로운 학년이 되고 같은 반에서 처음으로 영준이를 알게 되었다
는 도윤이. 그런데 영준이가 자꾸 도윤이를 보면 놀리고, 욕하고, 툭
치고 도망가고, 도윤이가 먹던 과자를 빼앗아 먹는 등으로 계속 괴

롭혔답니다. 처음에는 그냥 참았는데 정도가 계속 심해졌습니다. 그날도 그랬습니다.

"제가 점심시간에 핸드폰으로 게임을 하고 있는데 제 뒤에 와서 보더니 자꾸 게임 못한다는 둥, 자기가 발가락으로 해도 그것보다 잘하겠다는 둥 비아냥거리는 거예요. 그래서 제가 기분이 나빠서 네가 뭔 상관이냐고, 꺼지라고 했어요. 그랬더니 영준이가 갑자기 게임을 하고 있던 제 손을 쳐버리는 거예요. 그래서 제 핸드폰이 바닥에 떨어져 액정이 깨져버렸어요. 저는 순간 너무 화가 나서 벌떡 일어나 영준이에게 욕을 했어요. 그러니까 갑자기 영준이도 막 욕을 하면서 저를 때리는 거예요. 아니 갑자기 혼자 게임 하고 있는데 와서 비아냥거리고, 손을 쳐서 핸드폰 액정을 깨뜨리더니 이제는 때리기까지 하니 너무 화가 났어요."

참지 못하고 영준이에게 반격했답니다. 그렇게 서로 뒤엉켜 싸우다가 반 아이들이 말려서 싸움이 끝났습니다. 그런데 다음날, 영준이 부모님이 도윤이를 학교폭력으로 신고했습니다.

"영준이가 얼굴을 많이 다쳤다고 그러시는 거예요. 저는 선생님께 자초지종을 다 이야기했죠. 그런데 그래도 어쩔 수 없다고 하더라고요. 학교폭력대책심의위원회인가 열렸고, 그곳에 부모님과 출석해서 자초지종을 다 이야기하고, 제가 그동안 입은 피해를 이야기했는데도 결과는 저도 학교폭력 가해자라고 하더라고요. 정당방위가 아니고 쌍방 폭력이라고 인정되었다나 봐요. 저는 그 결과가 너무 이해가 되지 않아요, 받아들여지지도 않고요. 아니 그럼 영준이의 폭력에 계속 당하고만 있었어야 한다는 말인가요? 그건 너무 이상하고 가해자만 편들어주는 것 아닌가요?"

정당방위는 어떨 때 성립할까

도윤이가 많이 억울한 것 같네요. 도윤이의 마음도 충분히 이해할 수 있을 것 같아요. 내가 계속 누군가로부터 괴롭힘을 당하다가, 상대의 폭력을 견디지 못하고 대항했을 뿐인데 그것을 정당방위가 아닌 폭력이라고 한다면, 나 역시 가해자라고 한다면 누구나 억울해할 수 있을 것 같습니다. 실제로 많은 학교폭력 사안에서도 도윤이처럼 정당방위를 주장함에도 쌍방 폭행으로 인정되어, 본인 역시 가해 학생으로 인정되어 조치를 받는 경우가 드물지 않게 발생합니다.

정당방위란 무엇일까요? 정당방위는 어떨 때 성립하고, 도윤이의 행위는 왜 정당방위가 아닌 쌍방 폭행으로 인정되었을까요?

정당방위란 내가 다른 누군가에게 처벌받는 침해적 행위를 했더라도 그것이 그 상대방의 나에 대한 침해적 행위에 대항하기 위한 정당한 방어행위인 것으로 인정된다면 위법하지 않다고 보아 형사책임을 지지 않도록 하는 것입니다. 쉽게 말하면, 도윤이가 비록 영준이를 폭행했더라도 그 폭행이 영준이가 도윤이를 폭행하는 것에 대항하기 위한 정당한 방어행위로 인정된다면, 도윤이에게 그 폭행의 책임을 묻지 않는다는 것입니다. 도윤이의 행위는 정당방위로 학교 폭력이 되지 않는 것이죠.

그런데 정당방위가 성립하려면 엄격한 요건을 갖추어야 합니다. 간단하게는 상당한 방어행위로 인정되어야 합니다. 그렇지 않으면 누구든 상대방의 사소한 침해적 행위가 있으면 정당방위를 명목으로 상대방에게 폭력을 행사할 수 있고, 심지어 자기 행동을 정당화하기 위해 정당방위 상황을 악용해 상대방을 해할 수도 있으니까요.

우리나라 형법은 다음과 같이 정당방위의 성립 요건을 '자기 또는 타인의 법익에 대한 현재의 부당한 침해를 방위하기 위한 행위로서 상당한 이유가 있는 때에는 벌하지 아니한다'고 정당방위의 성립 요건을 명확하게 규정하고 있습니다. 정당방위가 성립하기 위해서는 무엇보다 나의 행위가 '방위행위', 즉 방어적 행위여야 하고, 방어적 행위로서의 '상당성'을 갖추어야 합니다. 상대방 행위에 대항하는 나의 행위는 '방어적 의사'에 기초한 '소극적 방어행위'에 그쳐야 하고 공격적 의사에 기초한 공격적 행위여서는 안 되며, 설사 방어적 의사에 기초한 행위라고 하더라도 상당성, 즉 방어에 필요한 정도를 넘어서 상대에게 침해를 주는 행위여서는 안 됩니다.

우리 대법원 역시 이런 형법의 규정을 기초로 싸움의 경우 정당방위 성립 요건과 관련해, "가해자의 행위가 피해자의 부당한 공격을 방위하기 위한 것이라기보다는 서로 공격할 의사로 싸우다가 먼저 공격을 받고 이에 대항해 가해하게 된 것이라고 봄이 상당한 경우, 그 가해 행위는 방어 행위인 동시에 공격 행위의 성질을 가지므로 정당방위 또는 과잉방위라고 볼 수 없다"라고 이야기하고 있습니다. 결국 정당방위 성립의 판단은 무엇보다 그 행위가 방어 의사에 기초한 것인지 아니면 공격적 의사에 기초한 것인지, 그 행위가 방어적 성질을 가진 것인지 아니면 공격적 성질을 가진 것인지에 따라 결정된다고 할 것입니다.

도윤이의 폭력은 정당방위일까

그럼 도윤이 상황으로 돌아와 살펴볼까요. 과연 도윤이의 행동은 방어적 의사에 기초한 것인가요? 아니면 공격적 의사에 기초한 것인가요?

도윤이는 스스로 영준이의 행동에 화가 나서, 참지 않고 반격했다고 했습니다. 만약 도윤이가 방어적 의사에 기초해 행동했다면 아마도 곧바로 영준이에게 반격하는 형태로 대항하지는 않았을 것 같습니다. 우선 영준이의 공격을 피한다거나 막는다거나 하는 등으로 방어를 했겠지요. 그런데 도윤이는 그런 회피 행동 없이 곧바로 영준이에게 주먹을 날리는 방식으로 대응했습니다. 그런 점을 보았을 때, 도윤이는 당시 영준이의 공격에 방어하기 위해서라기보다는 나를 공격하는 영준이에게 대항해 영준이를 공격하기 위해, 혼내주기 위해 폭행한 것으로 보입니다.

또한 도윤이가 영준이의 폭행에 맞서 폭행으로 대응한 행위 자체 역시 방어적 행위, 소극적 행위라기보다는 공격적 의사에 기초한 적극적 행위로 보입니다. 즉 앞서 이야기했듯이 영준이의 폭행을 막으려거나 피하려는 방어적 행동을 넘어서 적극적으로 영준이에게 비슷한 폭력의 방식으로 대항한 것은 소극적 방어 행위의 성질보다는 적극적 공격 행위의 성격을 가진 것처럼 보입니다.

아마도 학교폭력대책심의위원회는 이런 형법의 규정, 대법원 판결의 태도 등에 비추어 도윤이의 행동이 정당방위를 넘어선 공격적, 침해적 행위로 학교폭력에 해당한다고 결정했을 것입니다.

정당방위를 엄격하게 인정하는 이유

아니 그럼 대체 정당방위는 언제 성립하나고요? 정당방위의 성립을 너무 엄격하게 인정하는 것 아니냐고요? 왜 그렇게 정당방위 성립을 엄격하게 인정하는 거냐고요?

그렇습니다. 사실 우리 사회에서도 정당방위 성립 요건이 지나치게 엄격해 피해자 보호에 소홀한 것이 아닌지, 사실상 정당방위 성립을 인정하지 않는 것이 아닌지, 피해자에게 결국 모든 피해를 감내할 것을 강요하는 것이 아닌지 하는 의문과 비판이 있는 것이 사실입니다. 외국 몇몇 국가에 비해 정당방위 성립을 지나치게 소극적으로 인정하는 것이 아닌가 하는 비판도 있고요. 하지만 우리 헌법에 따라 법률에 대한 최종적 해석의 권한을 가지는 대법원이 이처럼 정당방위 성립요건을 명확하게 제시하고 있는 이상, 법 집행을 하는 국가기관은 그에 기초해 판단할 수밖에 없을 것입니다.

그러면 왜 우리 대법원은 그처럼 정당방위 성립의 요건을 엄격하게 해석하고 있을까요? 그것은 정당방위의 남용으로 인한 사회적 폐해, 사회적 불안정, 국민 개인의 신체·생명에 대한 위해의 발생을 방지하기 위한 것으로 보입니다.

정당방위 성립 인정의 태도는 나라마다 다른데, 반드시 정당방위 성립을 넓게 인정한다고 해서 그것이 반드시 옳다거나 국민 개인에게 이롭다고 볼 수는 없습니다. 왜냐하면 각각의 장단점이 있기 때문입니다. 피해자의 실질적 보호 측면에서 정당방위 성립의 인정 폭을 넓힐 필요가 있지만, 그 폭을 지나치게 넓히면 오히려 정당방위 남용을 통한 새로운 피해자의 양산을 조장하고 폭력을 용인하는 결과가 될 수도 있습니다.

혹시 '사적 제재'의 위험성에 관한 이야기를 기억하나요? 완전히 똑같지는 않지만, 정당방위의 인정 역시 그런 위험성을 내포하고 있습니다. 정당방위 역시 헌법과 법률이 정한 절차에   따른 범죄자의 처벌이 아니라 피해자 개인이 상대방에 대해 직접 대항하는 것이기에 일종의 사적 제재로 볼 수 있는데, 우리 법률이 일정한 요건을 갖춘 경우, 예외적으로 그 행위를 처벌하지 않는 것이기 때문입니다. 이처럼 정당방위 규정 자체는 예외적으로 그 처벌을 면하게 해주는 것이고, 그 남용의 위험성을 경계해야 한다는 점에서 우리 대법원은 그 인정의 폭을 제한적으로 인정하고 있을 것입니다.

타인의 행위가 아무리 잘못되었다고 해도

쉽게 이야기해볼까요. 만약 도윤이 행위를 정당방위로 인정한다면, 그와 같은 행위를 모두 정당방위라고 인정한다면 도윤이의 학교에서는 어떤 일이 발생할까요? 아이들 사이에 다툼이나 싸움이 발생한다면 우리는 항상 누가 먼저 공격했느냐, 누가 먼저 때렸느냐에 따라 가해자, 피해자를 나누어야 할지도 모릅니다. 먼저 때린 사람은 가해자이고, 나중에 때린 사람은 그에 대항한 정당방위이니까 가해자가 아닌 피해자이겠지요.

그런데 싸움에서 과연 누가 먼저 때렸느냐가 중요한가요? 먼저 때린 아이는 나쁜 아이이고 나중에 때린 아이는 피해자로 보호받아야만 하는 아이인가요? 어차피 둘 다 상대방을 공격할 의도로, 상대방에게 폭력을 행사한 것이 아닌가요? 상대방이 나쁜 아이이니까 나는 반대로 당연히 착한 아이인가요? 상대의 폭행과 별도로 나의 폭행은 그대로 평가받아야 하지 않나요?

심지어 그런 상황을 악용할 수도 있습니다. 내가 미운 아이, 혼내주고 싶은 아이가 있습니다. 그런데 그냥 때리면 내가 가해자로 처벌받으니까, 기회를 노려 상대 아이가 내게 잘못을 하는 순간 정당방위라며 상대에게 폭력을 행사할지도 모릅니다. 아주 영악한 아이는 일부러 정당방위 상황을 만들어 상대 아이에게 폭력을 행사할 수도 있습니다. 너무 비약 아니냐고요? 그렇지 않습니다. 실제로 그런 일이 발생해왔고 그런 위험이 항상 존재합니다.

물론 도윤이가 그런 의도로 행동했다고 하는 것은 아닙니다. 그러나 적어도 도윤이가 경위야 어떻든, 영준이를 공격할 의사로 영준이에게 폭력을 행사한 사실은 부정할 수 없고, 영준이가 도윤이를 그동안 괴롭히고 폭력을 행사한 것에 대해 영준이 스스로 그에 대한 책임을 지는 것과 별개로 도윤이 역시 자신의 폭행에 대한 책임을 지는 것이 타당하지 않을까요?

정당방위 인정 범위에 대한 사회적 논란은 여전히 진행 중이지만, 그와 별개로 우리는 우리 자신의 행위에 대한 책임을 질 수 있어야 한다는 사실을 알아야 합니다. 타인의 행위가 잘못되었다고 해서 그에 폭력으로 대항한 나의 행위가 정당화되지 않음을 알아야 합니다.

폭행보다
아픈 상처

"단지 구경하고 응원했을 뿐인데요"

"저는 얼마 전에 독서실 건물 옥상에서 현수와 결투한 강현이의 친
구 민국이에요. 저는 그날 강현이와 현수가 결투한 장소에 갔어요.
저뿐만 아니라 강현이의 친구들, 현수의 친구들까지 많이 모였죠.
강현이와 현수가 결투를 벌이는 게 친구들 사이에서 유명했거든요.
서로 페북 프사 메시지로 결투와 관련해 올리고 단톡방에서도 이야
기가 나오고 해서, 어떤 애들은 누가 이긴다며 서로 내기까지 걸었
어요."

민국이도 강현이, 그리고 친구 몇 명과 함께 독서실 옥상으로 구경
을 갔고 당연히 강현이를 응원했지요. 강현이 친구니까요.

"시작하자마자 강현이가 때리기 시작해서 저와 친구들이 강현이를
더 열심히 응원했어요. 더 혼내주라고. 현수가 먼저 강현이를 무시

하고 잘못했으니까요. 그러다 재미있기도 하고, 끝나고 강현이나 다른 친구들 보여주려고 결투 장면 동영상을 촬영했어요. 주위를 보니 다른 애들도 촬영하고 있더라고요. 어떤 애들은 심지어 라이브 방송까지 하는 것 같더라고요."

그렇게 그날 결투가 끝났는데, 벌써 소문이 퍼졌는지 현장에 없던 친구들이 여기저기서 동영상 좀 보내달라고 합니다. 그래서 친구들에게 보내주고, 강현이와 친한 친구들 몇 명이 모인 단톡방에도 올렸습니다.

"그런데 어제 갑자기 학교 선생님이 저를 부르셨어요. 현수와 현수 부모님이 강현이뿐만 아니라 저와 다른 친구들까지 전부 학교폭력으로 신고했다고요. 강현이는 싸워서 때렸으니까 그렇다고 해도 저와 다른 친구들은 구경하고 응원했을 뿐인데요. 그리고 동영상 촬영해서 친구들끼리 본 것뿐인데, 그게 학교폭력이라니요?"

폭력에 방조하거나 가담한 죄

혹시 '공범'이라는 표현을 들어본 적이 있나요? 민국이도 영화, 드라마, 웹툰, 기사 등을 통해 공범이라는 표현을 들어보았을 테고, 그 말의 의미도 어렴풋이 알고 있을 것 같아요. 공범의 사전적 의미는 '둘 이상이 짜거나 다른 사람을 도와 함께 범죄를 저지르는 것'

을 의미하는데요, 법률적으로는 다른 사람과 함께 범죄를 저지르는 '공동정범', 다른 사람에게 범죄를 시키는 '교사범', 다른 사람이 범죄를 쉽게 저지를 수 있도록 돕는 '방조범'으로 구분됩니다.

우리나라 형법은 범죄를 직접 실행한 사람뿐만 아니라 범죄를 직접 실행하는 자를 유형, 무형의 방법으로 범죄가 쉽게 이루어지도록 돕는 소위 '공범' 역시 처벌하도록 규정하고 있습니다. 학교폭력예방법도 마찬가지로 가해 학생의 정의를 '학교폭력을 행사하거나 그 행위에 가담한 학생을 말한다'라고 규정해 공범을 학교폭력 가해 학생의 범위에 포함하고 있습니다.

이처럼 형법과 학교폭력의 규정에 따르면, 설사 민국이와 그 주변 친구들이 현수를 직접 때리지 않았다고 해도 그 행동이 공범에 해당하는 것으로 평가된다면 민국이와 그 주변 친구들 역시 강현이가 현수에게 행한 학교폭력에 가담한 것이 되어 학교폭력 가해 학생으로 조치를 받을 수 있습니다.

민국이와 주변 친구들의 행동은 공범으로 평가될 수 있을까요? 공동정범과 교사범을 제외하면 공범은 흔히 '방조범'을 의미합니다. 우리 법률은 방조범, 즉 타인의 범행을 방조한다는 것의 의미를 '범죄를 직접 실행하는 자를 도와 범죄가 쉽게 이루어지도록 하는 유형, 무형의 모든 행위'로 아주 폭넓게 이해하고 있습니다. 즉 어떤 방식으로든 다른 누군가의 범죄가 쉽게 이루어지도록 돕는다면 그 것은 방조로 평가되어 처벌받습니다.

곁에서 부추기고 독려하는 동안

민국이와 주변 친구들의 이야기로 돌아가 볼까요.

민국이와 주변 친구들은 현수와 싸우러 가는 강현이와 함께 독서실 옥상으로 갔습니다. 민국이와 친구들은 강현이와 함께 이동하는 과정에서 강현이를 응원하고 힘을 돋우며 현수와의 싸움을 독려했을 것입니다. 현장에서는 강현이가 현수를 이길 수 있도록, 더 정확하게 말하면 강현이가 현수를 때리라고 응원하며 소리를 질렀을 것입니다.

싸움이 시작되어 강현이가 현수를 일방적으로 이기기 시작하자, 민국이와 친구들은 강현이를 응원하고 독려하며 더 큰 소리로, 더욱 혼내주라고 소리를 질렀을 것입니다. 친구들의 응원과 독려에 강현이는 더욱 힘을 내 현수를 때렸을 것입니다. 싸움이 일방적으로 진행되자 민국이와 친구들은 그 상황을 나중에 공유하며 즐기기 위해, 혹은 현수를 비웃고 조롱하기 위해 동영상으로 촬영했을 것입니다. 그리고 싸움이 끝난 이후에는 마치 승전보를 전하는 것처럼 동영상을 현장에 있지 않던 친구들에게 전송하며 당시 상황을 중계하듯이 전했겠죠. 이후로도 한동안 강현이와 친구들은 강현이에게 일방적으로 맞은 현수를 비웃고 조롱하며 승리의 기쁨을 누렸을 것입니다.

어떤가요? 자신과 주변 친구들이 어떤 행동을 했는지 이해되나요? 자신과 친구들이 강현이의 학교폭력에 도움을 주었다는 사실을 깨달았나요? 그렇습니다. 민국이와 주변 친구들은 자신들이 한 행위의 의미를 모른 채 무심코 친구인 강현이를 응원했을지 모르지만, 그 행위는 엄연히 법률적으로는 강현이의 현수에 대한 폭행, 상해라는 학교폭력을 방조한 것으로, 그에 가담한 것으로 평가될 수 있습니다. 민국이와 주변 친구들은 정신적으로 강현이의 현수에 대한 폭행, 상해를 도왔기 때문입니다.

그때 그 자리를 말렸다면

민국이와 주변 친구들이 직접 혹은 물리적으로 강현이의 폭행을 도운 것은 아니지만, 강현이가 현수와 싸우는 행위, 강현이가 현수를 때리는 행위를 독려하고 응원함으로써 강현이의 의지를 강화하는 방식으로 도움을 주었습니다. 이를 정신적 방조라고 하는데, 우리 법률은 이런 정신적 방조도 엄연한 방조의 한 형태로 인정하고, 정신적 방조를 한 사람을 공범으로 처벌하고 있습니다.

민국이와 주변 친구들이 자신과 함께 결투 장소로 이동하며 현수와 싸우려는 자신을 독려하고 응원하지 않았다면 강현이는 두려움으로 현수와의 결투를 주저했을 수도 있습니다. 막상 현수와 싸우려고 현장에 갔으나 민국이와 주변 친구들, 다른 친구들이 없었으면 결투를 하지 않았을 수도 있습니다. 현수와 싸움 도중에 민국이와 주변 친구들의 응원과 격려를 하지 않았다면 중간에 멈추었을 수 있습니다.

적어도 민국이와 주변 친구들이 강현이의 의지를 북돋고 강현이의 행동을 강화함으로써 강현이에게 정신적 도움을 준 것은 분명합니다. 우리 법률은 그와 같은 행동에 대해 공범이라는 이름으로, 학교폭력의 가담자라는 이름으로 그 책임을 묻고 있습니다.

민국이도 이제 자기의 행동이 공범이자 학교폭력에 가담한 것에 해당해 그에 대한 합당한 책임을 져야 한다는 사실을 알았을 것입니다. 그런데 현수는 왜 강현이뿐만 아니라 민국이와 주변 친구들까지 학교폭력으로 신고했을까요? 현수가 똑똑하거나 지식이 풍부해 공범이라는 개념을 알아서일까요? 그건 아닐 것입니다. 그럼 왜?

어쩌면 공범에 해당하느니 가담자라느니 하는 것보다 현수가 왜 민국이와 주변 친구들까지 학교폭력으로 신고했는지, 그 마음을 이해할 수 있다면 민국이 역시 자신의 행동이 왜 잘못되었는지 좀 더 쉽게 이해할 수 있을 것 같네요.

폭행보다 아픈 상처, 수치스러움

"제 의도나 생각과 달리 말이 와전되었고, 어찌하다 보니 싸움을 피할 수 없는 상황이 되었죠. 싸우기로 한 당일 독서실 옥상으로 갔는데, 친구들이 너무 많았어요. 결국 싸웠는데, 제가 일방적으로 맞았어요. 사실 저는 격투기를 배운 것도 아니고 싸움도 잘못하거든요. 그냥 친구들 앞에서 허세 좀 부렸다가 된통 당한 거죠."

그런데 사실 그거는 그래도 괜찮았답니다. 그건 강현이와 싸운 현수의 표현처럼 '함부로 입을 놀리고 허세 부려 자초한 일'이기도 하니까요.

'지금 생각하면 강현이에게서 연락이 왔을 때 사과해야 했던 것 같아요. 그건 분명히 제가 잘못한 일이니까요. 그런데 괜한 자존심, 객기에 그렇게 하지 못했죠. 하여튼 강현이에게 맞은 것 자체는 그렇게까지 억울하지는 않은데 제가 정말 힘든 건 수치스러움과 모멸감이에요. 그날, 너무 많은 친구가 결투 현장에 있었고 일부는 UFC 경기를 관람하듯 소리를 지르며 강현이를 응원했어요. 제가 일방적으로 맞을수록 그 소리는 더욱 커졌죠. 몇몇은 동영상을 촬영하기도 했고, 심지어 어떤 애는 라이브 방송까지 했다고 들었어요."

많은 친구가 보는 앞에서 일방적으로 강현이에게 맞은 것도 수치스러운데 그것이 동영상으로 '박제'되어 친구들 사이에서 돌아다녔고, '참교육 당했다'는 식으로 친구들에게 조롱당하는 것이 너무 수치스럽고 견디기 힘들었다는 현수.

"얼굴의 상처는 치유될 수 있어요. 금방 나아지겠죠. 그런데 이 수치스러움과 모멸감이 치유될 수 있을지 모르겠어요. 어쩌면 나이가 들어도 영원히 이 사건이 친구들 사이에서 이야기될 것 같아 두려워요. 나를 잘 모르는 애들마저도 훗날 저를 그렇게 누구한테 참교육 당한 애로 기억할까 두려워요. 그래서 강현이보다 그 주변 친구들이 너무 미워요. 그 친구들이 꼭 처벌받고, 자기들이 한 잘못을 알았으면 좋겠어요. 그게 제게 얼마나 끔찍한 상처가 되었는지를."

그것은 또 다른 폭력입니다

어때요? 이제 민국이도 현수가 왜 민국이와 그 친구들을 학교폭력으로 신고했는지 이해되나요? 현수의 마음과 상처가 이해가 되나요? 민국이와 친구들이 무엇을 잘못했는지 이해되나요?

그렇습니다. 민국이와 친구들은 강현이의 폭력에 방조·가담했을 뿐만 아니라 현수에게 또 다른 폭력을 행사한 것입니다. 강현이와 현수의 싸움 장면을, 현수가 강현이로부터 일방적으로 맞는 장면을 당사자의 동의 없이 촬영해 공유하는 것, 심지어 그 장면을 라이브 방송하는 것은 현수에게 심각한 정신적 피해를 주는 또 다른 학교폭력입니다. 그리고 그 동영상을 다른 친구에게 보내는 것, 그 동영상을 온라인, 오프라인에서 공유하며 현수를 조롱하고 모욕하는 것 역시 명백한 학교폭력입니다.

민국이와 친구들도 깊이 생각했으면 합니다. 본인이 지금 현수와 같은 상황이라면 어떨까요? 견디기 힘들 것입니다. 학교도 학원도 독서실도 가고 싶지 않을 겁니다. 모든 친구가 자기를 조롱하고 무시할 것 같을 겁니다. 그것이 민국이와 친구들이 현수에게 한 폭력이고, 현수의 상처입니다. 본인들의 행동이 결코 가벼운 장난이 아니라는 것을 알았기를 바랍니다.

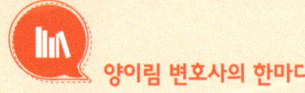

양이림 변호사의 한마디

사람은 누구도 완전하지 않습니다. 누구나 잘못을 하고 때로는 타인에게 해를 끼칩니다. 나 역시 마찬가지입니다. 나 또한 타인에게 의도하든 의도하지 않든 여러 피해를 주고 살아갑니다. 그런데도 내가 지금 별일 없이 살아가고 있는 이유는 무엇일까요? 그것은 나의 실수가, 나의 잘못된 행동이 타인에게서 용서되고 포용되기 때문이 아닐까요? 만약 나의 실수, 나의 잘못에 누군가 똑같이 대응했다면, 나의 잘못을 폭력으로 응징했다면 어떨까요?

타인의 잘못에 잘못으로 대응하지 않았으면 좋겠습니다. 타인의 잘못을 이유로 자신의 잘못을 정당화하지 않았으면 좋겠습니다. 타인과의 갈등 상황에 직면했을 때 대화를 통해 문제를 해결하려고 노력할 수 있길 바랍니다. 나아가 타인의 잘못을 관용하고 포용할 수 있길 바랍니다.

이별을 배우는 시간

성적 호기심과
스킨십 사이에서

"좋아하니까 손잡고 스킨십도 하고"

"저는 정철인데요, 요즘 너무 억울한 일이 생겼어요. 사실 제가 얼마 전 여자친구를 사귀었다가 헤어졌는데요, 세상에 그 친구가 저에게 성폭력을 당했다고 학교에 신고했나 봐요. 그래서 학교에서 조사받고, 부모님도 불려가시고. 심지어 경찰서에서 조사받으러 오라고 하더라고요. 그런데 저는 진짜 그 친구에게 성폭력을 한 적이 없어요. 그 친구를 만나다 자연스럽게 손도 잡고 하면서 스킨십을 했고, 그러다 보니 어느새 수위가 조금 높아져서 키스도 하고 중요한 부분도 만지고 했거든요. 그런데 제가 강제로 만지지는 않았어요. 그 친구가 거부하지도 않았고요. 그런데 어느 날 갑자기 헤어지자고 하더니 성폭력이라니요! 저는 너무 황당하고 억울해요. 서로 좋아서 한 일인데 성폭력이라니요?"

저런, 정말 억울해하네요. 네, 그렇습니다. 서로 좋아서, 상대방도 동의해서 신체적 접촉, 성적 행위를 했다면 그건 분명 성폭력이라 할 수 없겠죠. 당연히 학교폭력이라고 할 수도 없고요. 성폭력은 '상대방의 의사에 반하는' 성적 행위를 하여 상대방의 '성적 자기결정권을 침해'하는 행위를 의미하기 때문이죠.

그럼 정철이의 행위가 성폭력인지 아닌지는 정철이의 성적 행위가 그 친구의 의사에 반한 것이었는지, 그 친구의 성적 자기결정권을 침해한 것이었는지를 살펴보면 되겠네요. 정철이는 강제로 만지지 않았고, 그 친구가 거부하지도 않았으며, 서로 좋아서 한 일이라고 하는데, 과연 실제로 그랬는지, 그 친구도 그렇게 생각하는지 알아볼까요?

함께하는 시간은 좋았지만

"안녕하세요. 저는 희영이고요, 정철이와 2개월 정도 사귀다 얼마 전 헤어졌어요. 저랑 정철이는 같은 학교에 다니는데, 학교에서 같은 동아리 활동을 하면서 서로 알게 되었어요. 동아리 활동을 하며 자주보다 보니 호감도 생겼고, 정철이 외모나 스타일도 제가 좋아하는 타입이어서 사귀었죠. 사귀면서 서로 바쁘다 보니 주로 학원 마치고 집으로 돌아갈 때나 주말에 독서실이나 카페에서 같이 공부하면서 만났어요."

처음에는 주로 정철이가 학원 마치고 희영이를 집까지 바래다주면서 이런저런 이야기를 나누고, 독서실이나 카페에서 공부하다가 쉬는 시간에 잠깐 같이 음료수, 커피 마시며 이야기 나누곤 했답니다. 매일 학교, 학원, 독서실을 쳇바퀴 돌 듯 돌며 공부만 하는 생활이 너무 힘들었는데, 정철이를 만나서 잠깐이라도 웃고 떠들 수 있어서 좋았고, 같은 생활을 버티는 친구, 그것도 나를 좋아해 주고 나 역시 좋아하는 사람과 함께 일상을 공유한다는 것이 큰 힘과 위로가 되었을 겁니다. 그래서 마음이 더 가고 정철이와 함께하는 시간이 너무도 좋았겠지요.

"그렇게 한 일주일, 열흘 정도 지났을 때인가, 정철이가 학원 끝나고 저를 바래다주며 아파트 단지 안, 사람들이 많이 다니지 않는 길에서 슬며시 제 손을 잡는 거예요. 갑작스러워서 흠칫 놀라긴 했지만, 손을 빼지는 않았어요. 저도 싫지는 않았거든요. 그런데 그렇게 서로 손을 잡은 이후 점점 정철이의 행동이 변하더군요. 며칠 후 저를 바래다주며 평소에 다니지 않던 아파트 단지 안의 어두운 곳으로 가더니 갑자기 제게 기습 키스를 하더라고요. 저는 너무 놀랐지만, 갑자기 밀쳐내면 정철이가 너무 무안할 것 같아서 그러지는 못하고 가만히 있었어요. 그랬더니, 정철이는 그게 승낙인 줄 알았나 봐요. 정철이는 이전과 달리 이제 저를 만나면 자꾸 저를 만지려고만 하더라고요."

같이 걸을 때, 카페에서 공부할 때, 독서실에서 잠깐 쉬며 이야기 나눌 때, 정철이는 자꾸 희영이의 몸에 손을 댔답니다. 이야기하면서 은근슬쩍 엉덩이 부분, 가슴 옆 옆구리 부분 등에 손을 두르고 만지작거렸습니다. 그때마다 희영이는 몸을 비틀어 빼고, 손을 잡아 떼어놓는 식으로 싫다는 표현을 했고, 그래도 말을 듣지 않으면 정색하며 싫다고, 하지 말라고 했답니다. 그럴 때마다 정철이는 장난이라며, 뭘 그렇게 정색하냐며 오히려 저를 무안하게 하고 지나가고는 했어요. 희영이도 정철이의 그런 반응에 더는 뭐라고 하지 못했고요.

"그러고 나면 좀 잠잠하다가 다시 그런 행동이 반복되어, 하루는 제가 정철이에게 진지하게 이야기했어요. 나는 네가 여전히 좋고, 같이 이야기하면 즐겁고 행복해. 그런데 스킨십은 부담스러워. 우리는 아직 어리고 그런 행동을 하는 것은 아닌 것 같다고 했어요. 그랬더니 정철이가 알았다고 하더라고요. 저는 그렇게 정철이의 행동이 멈출 것으로 생각했어요. 그런데 그게 아니었어요."

"내가 욕구 풀이의 대상인가요"

시간이 조금 지나고 어느 날 밤, 정철이는 희영이를 바래다주면서 어두운 놀이터 벤치에 잠시 앉아 좀 더 있다 가자고 하더니, 희영이의 의사도 물어보지 않고 키스를 하면서 가슴을 만지고, 심지어 희영이의 속옷 속으로 손을 넣었답니다.

"저는 너무 놀라서 싫다고 하지 말라고 했어요. 그런데도 정철이가 에이, 잠깐만 이러면서 계속하는 거예요. 저는 벗어나고 싶었지만, 정철이가 저를 힘으로 안고 있어서 벗어날 수가 없었어요. 그렇다고 거기서 소리를 지를 수는 없어서, 한참을 그러다 겨우 집으로 돌아왔어요. 집으로 돌아온 저는 처음에는 멍해 있다가, 잠시 시간이 지나니 눈물이 막 쏟아지더라고요. 그 이후로는 제가 너무 비참하고 화가 나서 잠을 잘 수가 없었어요. 그래서 정철이에게 톡을 했어요. 나는 분명히 싫다고 했는데 왜 그런 거냐고? 그랬더니 정철이는 그러더군요. 네가 그렇게 싫어하는 줄 몰랐다고. 그냥 부끄러워하는 줄 알았다고. 싫다면 적극적으로 거부하지 그랬냐고. 그랬다면 미안하다고. 그냥 네가 너무 좋아서 그런 거라고."

희영이는 그때 알았습니다. 정철이는 바뀌지 않을 거라는 걸, 앞으로 행동이 더욱 심해질 거라는 걸, 정철이는 자기가 뭘 잘못했는지 모른다는 걸, 정철이는 나를 좋아한 것이 아니라는 걸.

"그래서 정철이에게 헤어지자고 했어요. 저는 그렇게 정철이와 헤어지면 그 좋지 않았던 기억들이 모두 사라질 것으로 생각했어요. 그런데 그게 아니더라고요. 시간이 지나도 그날의 기억이 잘 지워지지 않는 거예요. 일상 곳곳에 문득문득 그때의 기억들이, 그 불쾌한 느낌들이 스며들어 저를 괴롭히더라고요. 그러면서 깨달았죠. 내가 말로만 듣던 성폭력을 당한 것이구나. 그저 사귀면서 자연스럽게 스킨십을 주고받은 것이 아니라 정철이의 일방적인 성적 호기심, 욕구 풀이의 대상이었구나. 그래서 정철이를 신고했어요."

희영이는 깨달았습니다. 그것은 분명 잘못된 일이고, 정철이는 그에 합당한 벌을 받아야 하며, 그것이 희영이가 정신적으로 받은 충격을 치유하는 출발이 될 거라는 사실을.

"정철이도 이번 기회를 통해 분명히 알았으면 해요. 상대가 싫다고 하면 정말 싫은 것이라는 걸. 상대와 교감이 없는 일방적 신체적 접촉은 분명한 성폭력이라는 걸."

성적 행위는 결코 일방적일 수 없다

어때요? 정철이는 희영이 이야기를 들으니 어떤 생각이 드나요? 지금도 희영이가 거부하지 않았고, 강제로 만지지 않았으며, 희영이도 좋아했다고 생각하나요?

희영이가 강하게 거부하지 않았다고요? 희영이가 소리를 치거나, 그곳에서 도망칠 수 있었는데도 도망치지 않았다고요? 희영이도 좋아했다고요? 그렇지 않습니다. 희영이는 분명히 거부 의사를 밝혔습니다. 정철이의 일방적 손놀림에 몸을 비틀어 빼는 방식으로, 정철이의 손을 잡아 빼는 방식으로, 싫다는 말로 몇 번이나 거부 의사를 분명하게 밝혔습니다.

강하게 힘을 써 저항하지 않았다고 해서, 그 공간을 벗어날 수 있었음에도 벗어나지 않았다고 해서, 만남을 계속 이어갔다고 해서, 바로 신고하지 않았다고 해서 정철이의 행동에 동의한 것이 아닙니다. 사귀는 사이라도 상대방이 원하지 않는 신체접촉을 하는 것은 성폭력입니다.

상대방도 좋아할 것이라는 생각은 본인만의 착각입니다. 상대방이 몸과 말로 보이는 의사를 분명하게 읽어주세요. 싫다면 정말 싫은 겁니다. 상대는 정철이와의 관계로 인해 매몰차게, 좀더 적극적으로 거부 의사를 표현하지 못했을 뿐입니다. 상대의 의사를 세심하게 읽고 존중해주세요. 설사 연인 사이라고 해도 마찬가지입니다. 성적 행위는 결코 일방적일 수 없습니다.

쉽게 아물지 않는 상처

정철이는 이제라도 희영이가 지금 성폭력으로 인한 심각한 정신적 피해를 겪고 있다는 사실을 알아야 합니다. 희영이는 아직도 그때의 트라우마에서 벗어나지 못하고 있습니다. 여전히 학교와 학원에 다니며 일상을 살고 있다고 해서 희영이가 괜찮은 것이 아닙니다. 자신의 잘못이 아님에도 좀더 강하게 거부하지 못한 자신을 자책하고 있고, 좋아하는 이성과 교제하는 것은 자연스러운 일임에도 정철이와 사귀었던 자체를 후회하고 있으며, 자신의 이성관과 성적 관념이 잘못된 것인지 혼란을 겪고 있습니다.

아무 때나 불쑥 그때의 기억, 느낌이 떠올라 불쾌감이 차오르고, 불안감이 엄습하며, 때로는 공포감에 시달리기도 합니다. 우울감이 깊어지면 그냥 죽고 싶은 마음마저 듭니다. 이제 다시는 누군가와 이성 교제를 할 수 없을 것 같습니다. 누군가를 다시 만나도 똑같은 일이 발생할 것 같습니다.

과연 희영이는 언제쯤 괜찮아질 수 있을까요? 언제쯤 아픈 기억에서 벗어날 수 있을까요? 벗어날 수 있기는 할까요? 분명히 알아야 합니다. 나의 성적 호기심으로, 나의 성적 욕망으로 벌어진 순간의 행동으로 인해 상대는 언제 끝날지 모를 정신적 고통에서 시달린다는 사실을, 성폭력으로 인한 상처는 쉽게 아물지 않는다는 사실을.

우리가 이별에
대처하는 자세

"열 번 찍어 안 넘어가는 나무 없잖아요"

"저는 현성이에요. 얼마 전 사귀던 여자친구와 헤어졌어요. 그런데 저는 여전히 그 친구를 좋아하고 계속 만나고 싶었어요. 사실 만나면서 제가 몇 번 잘못한 게 있는데 다 용서를 구했거든요. 그런데 그 애는 그게 용서가 안 되는 건지 헤어지자고 하더라고요."

여전히 좋아하고 계속 만나고 싶어 전화로도, DM으로도 반복해서 사과하고 다시 만나고 싶다던 현성이. 그런데 어느 순간 현성이를 차단했습니다. 전화도 되지 않고, 메시지도, DM도 모두 확인하지 않았습니다.

"그러니 제 마음이 너무 힘들어지고 제 세상이 다 무너지는 것 같아 어떻게라도 마음을 돌리고 싶었어요. 그래서 그 애 학교와 학원 앞으로 찾아가고, 집 근처에서 기다리기도 하고, 심지어 다른 계정을 만들어 DM을 보내기도 했어요."

그런데 제발 찾아오지 말라고 합니다.

"저는 포기할 수가 없었어요. 옛말에 열 번 찍어 안 넘어가는 나무 없다고 하잖아요. 언젠가는 제 진심이 통할 거라고 믿어요."

이별을 배우는 중입니다

현성이가 몹시 힘들고 괴로웠겠네요. 좋아하던 이성으로부터 거절 당하거나, 사귀던 이성 친구와 헤어지면 세상이 무너지는 것 같고, 마음에 구멍이 난 것처럼 허전하지요. 그 마음은 다른 무엇으로도 채워지지 않을 것 같고, 그 사람에 대한 그리움으로 견디기가 어려울 수 있어요.

현성이는 지금 어른으로 성장하는 과정에서 이별, 그중에서도 연인과의 이별을 배우고 있는 상황이에요. 사람은 누구나 성장하고 살아가며 누군가와 만나고 헤어지는 과정, 즉 만남과 이별을 반복합니다. 만남과 이별을 통해 희로애락의 다양한 감정을 겪고, 그 감정을 온 마음으로 느끼고 체감하며 조금씩 배우고 성장합니다. 특히 어떤 만남과 이별보다 한 개인의 삶에 큰 영향을 미치는 것이 사랑하는 사람과 만남과 이별입니다.

연인과 만남은 그 어떤 만남보다 큰 기쁨과 즐거움을 주며, 때로는 세상 전부를 얻은 것과 같기도 합니다. 하지만 그 만남이 주는 기쁨과 즐거움의 크기가 큰 만큼 연인과의 이별은 견디기 어려운 슬픔과 고통을 줍니다. 현성이가 겪었듯이 세상 모든 것이 의미 없어지고 세상이 무너지는 것과 같은 느낌마저 들 수 있습니다.

현성이는 지금 이별을 배우는 중입니다.

이별을 받아들이는 마음

그럼 현성이는 이별을 어떻게 대해야 할까요? 이별이라는 감당하기 힘겨운 상황에서 비롯된 처음 겪는 감정의 격랑을 어떻게 헤쳐나가야 할까요?

그 질문의 정답은 없을지도 모릅니다. 사람마다 처한 이별의 상황과 각자의 관계가 모두 다르기에 그럴 때는 이렇게 해야 한다고 일률적인 답을 내릴 수는 없습니다. 다만 우리가 이별이라는 극한 상황을 좀 더 현명하고 유연하게 극복하는 데 필요한 몇 가지 마음가짐은 있습니다.

한 가지는 이별을 받아들이는 마음입니다. 연인 관계뿐만 아니라 다른 모든 관계에서도 우리는 평생 수많은 만남과 이별을 반복합니다. 때로는 그 이별이 너무 아쉽고 고통스러울 수 있습니다. 때로는 그 이별에 내 잘못이 없을 수도 있습니다. 이별의 원인이 이해되지 않을 수도 있습니다.

하지만 이별은 그런 것입니다. 해가 뜨면 해가 지듯이 만남이 있으면 이별이 있습니다. 이별은 만남 뒤를 따라다니는 그림자 같은 것입니다. 우리가 이별이 그렇게 자연스러운 것임을 받아들일 수 있다면 돌이키기 어려운 이별을 돌이키기 위해 몸부림치거나 지나간 인연에 지나치게 집착하지 않을 수 있습니다. 이별을 통해 오는 잘 익숙해지지 않는 감정을 오롯이 버티며 자신을 지켜내면 우리는 어느새 그만큼 성장하고 또 다른 인연은 만날 수 있을 겁니다.

그의 마음을 그대로 이해할 때

이별에 현명하고 유연하게 대처하는 데 필요한 마음가짐이 또 무엇이 있을까요? 그것은 상대방의 마음을 받아주는 것, 상대방의 표현을 있는 그대로 받아주는 것입니다.

현성이 여자친구의 마음이 어땠을까요? 현성이 여자친구 역시 현성이처럼 처음 현성이를 만나고 사귀며 기쁘고 행복했겠죠. 그런 여자친구가 현성이에게 헤어지자고 한 것은 현성이를 만나는 것이 더는 기쁘고 행복하지 않기 때문일 것입니다.

여자친구에게도 이별과 이별을 통해 오는 감정들을 감당하는 것은 현성이 못지않게 어렵고 힘든 일일 테고, 어쩌면 여자친구는 이미 이별을 결정하기까지의 과정에 현성이가 알지 못하는 엄청난 감정의 소모로 힘들었을지도 모릅니다. 현성이 여자친구는 그렇게 어려운 과정을 거쳐 힘겹게 현성이와 헤어질 결심을 한 거죠.

그런 여자친구에게서 나오는 말의 무게가 어떨까요? 절대 가볍지 않을 거예요. 그런 여자친구의 마음과 표현을 진지하게 있는 그대로 받아들이고 존중해주세요. 이제 네가 싫다고 하면 정말 현성이가 싫어진 것입니다. 이제 다시는 너를 만나고 싶지 않다면 정말 현성이를 만나고 싶지 않은 의미입니다.

여자친구의 마음을 표현 그대로 이해하고 이별을 받아들이며 지나간 인연은 보내주세요.

애정이 아니라 집착이라면

이별이라는 큰 파도를 현명하게 넘기지 못할 때 우리는 어떤 상황에 이를까요? 많은 사람이 이별이라는 상황을 현명하게 극복하지 못하고 자신과 상대방을 다치게 합니다. 이별이 주는 감정의 고통을 이기지 못해 자신을 다치게 하고, 상대방에 대한 비난 혹은 과도한 집착으로 상대방을 다치게 합니다. 이별을 받아들이지 못하고, 상대방의 마음을 받아들이지 못해 자신과 상대방을 힘들게 합니다.

현성이 역시 마찬가지입니다. 현성이는 헤어지자는 여자친구의 마음을, 이별이라는 상황을 받아들이지 못했습니다. 여자친구가 자기 의사를 분명히 전달했음에도 여자친구에게 계속 자신의 마음을 강요했습니다. 헤어지자고 했음에도, 이제는 네가 싫다고 했음에도, 연락하지 말라고 했음에도, 찾아오지 말라고 했음에도, 심지어 연락을 차단했음에도 불구하고 현성이는 계속해서 여자친구의 의사를 무시하고 수시로 연락하고, 찾아가 자신의 마음을 받아들이기를 강요했습니다. 그것은 애정과 사랑이 아닙니다. 집착이고 폭력이자 범죄입니다.

우리나라는 스토킹 범죄로 인한 피해가 큰 문제가 되자, 2021년 스토킹처벌법을 제정해 스토킹 범죄를 처벌하고 있습니다. '상대방의 의사에 반하여 정당한 이유 없이 상대방을 따라다니거나, 주거ㆍ학교ㆍ직장 등 부근에서 기다리고 지켜보거나, 정보통신망, 전화 등을 통해 연락 또는 메시지를 전달하는 등의 행위를 하여 상대방에게 불안감 또는 공포심을 일으키는 것'이 스토킹에 해당합니다. 현성이가 한 행동은 전형적인 스토킹에 해당하고, 스토킹은 학교폭력일 뿐만 아니라 3년 이하의 징역 또는 3년 이하의 벌금에 처하는 범죄에 해당합니다.

그가 불안해하고 두려워한다면

그게 학교폭력이고 범죄라고 한다면 깜짝 놀라겠죠? 여전히 좋아해서 그런 것이라고요? 관계를 회복하고 싶었을 뿐이라고요? 아닙니다. 상대방은 그 집착으로 인해 자신의 생명과 신체에 대한 위해로부터 엄청난 공포를 겪습니다.

혹시 '신당역 스토킹 살인사건'을 들어본 적이 있나요? 지난 2022년 9월, 서울 신당역에서 한 남성이 자신이 스토킹하던 여성을 칼로 찔러 살해한 사건이 사회적으로 엄청난 충격을 주었고, 그 범죄자는 재판을 통해 무기징역을 선고받았습니다. 이뿐만 아니라 인터넷에서 스토킹 살인을 검색하면 많은 사건이 나올 만큼 스토킹으로 인한 강력범죄가 끊이지 않고, 이른바 '이별범죄' 또한 계속되어 많은 여성이 공포로 두려워합니다. 연인으로부터 이별을 통보받은 사람이 이별을 인정하지 못하고, 이미 끝난 상대방과의 관계를 돌이키려고 집착하다 상대방의 계속된 거절을 마주하는 심리적 과정에서 어느 순간 이성을 잃고 상대방에게 폭행, 성폭력, 심지어 살인에까지 이르는 것입니다.

현성이는 자신은 다만 관계를 회복하고 싶었을 뿐이라고, 자신의 마음을 전달하고 싶었을 뿐이라고, 자신은 폭력을 행사할 생각도 없고 그러지도 않았다고 항변할지 모릅니다. 하지만 과연 여자친구의 마음은 어땠을까요? 여자친구 마음을 알아볼까요?

집착하고 과격해지는 순간

"저는 현성이를 학원에서 만나서 알게 되었어요. 외모나 스타일이 제가 좋아하는 취향이라 호감이 있었는데, 현성이도 제가 마음에 들었는지 적극적으로 다가와 사귀었어요."

둘은 처음에 만나기만 해도 즐겁고 좋았답니다. 그런데 시간이 지나다 보니 맞지 않는 점들이 보였습니다. 사소한 일에 감정적이고 신경질적인 반응을 보이거나, 이야기에 귀를 기울이지 않고, 생각보다 무심해서 마음을 잘 살펴주지 않는 점이 점차 보였으며, 그런 이야기를 현성이와 몇 번 나누었는데도 알았다고 하고는 전혀 바뀌지 않았답니다.

"그래서 오랫동안 고민한 끝에 현성이와 헤어질 결심하고 현성이에게 진지하게 이야기했어요. 서로 맞지 않고 내가 원하는 관계가 아니니 헤어지자고요. 오랫동안 고민한 거라고요. 그런데 현성이가 그걸 받아들이지 못하는 거예요. 처음에는 왜 마음이 변한 거냐? 자기는 아직도 좋아한다. 내가 잘할 테니 믿어 달라 그러더군요. 그래서 이미 여러 번 이야기했는데 상황이 바뀌지 않았고, 충분히 고민해서 내린 결정이며, 내 마음은 변함이 없다. 우리 관계는 여기까지인 것 같다. 좋은 추억으로 간직하자고 이야기하고 연락 그만하라고 했어요."

그런데도 현성이는 그런 마음을 받아들이지 못하고 점점 더 집착하고 과격해지더니 다른 남자가 생긴 것이냐, 내가 해주지 못한 게 뭐냐, 빨리 연락해라, 받지 않으면 학원이나 집으로 찾아간다는 등으로 협박성 메시지를 남기고 몇 분 단위로 전화를 계속해서 했답니다. 여자친구는 그런 현성이를 보고 문득 무서운 생각이 들었습니다. 뉴스와 기사를 통해 접했던 스토킹 범죄, 이별범죄 같은 끔찍한 범죄 사건이 나한테도 일어날 수 있겠구나 싶었죠. 그래서 현성이의 전화번호, 계정 등을 모두 차단했답니다.

"계속 그런 막무가내식의 연락이 오는 게 너무 무서워졌거든요. 그러면 끝날 줄 알았어요. 그런데 그게 아니더라고요. 어느 날 학원을 나오는데, 현성이가 학원 앞에서 기다리고 있더라고요. 다행히 학원 앞에 기다리고 있던 엄마 차로 후다닥 도망쳐서 현성이를 마주하지 않았지만, 어찌나 놀랐는지 그날 잠을 잘 수가 없었어요. 현성이가 또 찾아오면 어떡하지, 현성이를 마주치면 어떡하지, 현성이가 내게 폭력을 쓰면 어떡하지 이런 생각들로 잠이 오지 않더라고요."

며칠 후 우려하던 일이 일어났습니다. 학교를 마치고 학원을 다녀온 후 엄마가 그날은 데리러 오지 않아 혼자 집으로 오는데 집 근처에서 현성이가 기다리고 있는 겁니다. 너무 놀라 가슴이 쿵쾅거리고 온몸에 힘이 다 빠지는 느낌이 들어 서 있는 것마저 힘들었답니다. 다행히 멀리서 현성이를 발견하고 숨어서 현성이와 마주치지는 않았지만, 현성이가 계속 집 앞에 있을까 봐 집으로 가지 못하고 멀리 아빠 회사 쪽으로 택시를 타고 갔답니다.

"거기서 아빠를 만나 아빠와 함께 겨우 집으로 돌아올 수 있었어요. 부모님도 제 이야기에 너무 놀라시고는 그건 범죄라고 신고해야 한다고 하더라고요. 그래서 학교에 신고했어요. 그렇지 않으면 제 일상이 언제까지 현성이에 대한 두려움과 공포로 엉망이 될지 모르니까요. 지금도 두렵고 무서워요. 신고를 통해 현성이가 처벌을 받는다고 해도 현성이가 내게 해코지하지 않을지, 아직도 이따금 그런 생각을 하면 몸이 부들부들 떨리고 불안과 공포가 엄습해요."

또 하나 무서운 것은 과연 앞으로 다시 남자를 만날 수 있을까, 이번 일로 혹시 남자에 대한 트라우마가 생기지 않을까, 그 트라우마로 인해 앞으로 정상적인 이성 교제를 하지 못하지 않을까, 소중한 사랑하는 사람과 만날 기회마저 잃지 않을까 하는 두려움이랍니다.

"제발 이번 일이 잘 마무리되고, 다시는 현성이가 제게 접근하지 않았으면 좋겠어요. 제가 트라우마 없이 하루빨리 밝고 건강한 예전 제 모습으로 돌아갔으면 좋겠어요."

이별과 만남을 배우는 동안

현성이는 잘 몰랐겠지만, 여자친구가 받은 정신적 고통이 매우 큰 것 같네요. 어떤가요? 이제 현성이도 여자친구의 마음이, 여자친구가 받았을 정신적 고통이 이해되나요?

남녀를 떠나 연인과 이별한 후 이별을 받아들이지 못한 채 상대방에게 가하는 일방적인 행동은 상대방에게 엄청난 심리적 충격을 주는 폭력에 해당합니다. 그로 인해 상대방은 일상을 영위할 수 없을 정도의 정신적 고통에 시달리고, 심지어 미래의 행복마저 잃어버릴 수도 있습니다.

이 점을 현성이도 꼭 알기 바라고, 다시는 그와 같은 행동을 반복하지 않기를 바랍니다. 상대방의 마음을, 이별을 담담하게 받아들이고 이별의 과정을 스스로 감내하는 성숙한 사람으로 성장하기를 바랍니다. 그렇게 성장하다 보면 어느 순간 현성이에게 또 다른 인연과 만날 날이 반드시 찾아오리라 믿습니다.

이별에도 예의가
필요합니다

"헤어지자는 말에 아픈 줄 알지만"

"얼마 전에 사귀던 여자친구와 헤어졌어요. 같은 학교 친구인데 학원, 독서실 등에서 자꾸 마주치다 보니 호감이 생겨 사귀었죠. 그렇게 몇 달 정도 만났는데, 서로 성격도 잘 맞지 않는 것 같고, 자꾸 다투다 보니……. 제가 먼저 헤어지자고 했지만, 그 친구도 특별히 뭐라고 하지 않고 그러자고 했어요. 그래서 쿨하게 헤어졌다고 생각했죠."

그런데 헤어지고 며칠 뒤부터 자꾸 이상한 일들이 생긴다는 태성이. 페이스북, 인스타그램 등 SNS에 모르는 애들이 와서 태성이를 욕합니다.

"친구가 제게 캡처 사진을 보여주더라고요. 이거 너 이야기 아니냐고요. 봤더니 모르는 친구 페이스북 프로필인데 저를 저격했더라고요. 너무 어이가 없어 여기저기 알아보니, 그 친구가 저랑 헤어진 후 자기 주변 사람들에게 제 욕을 하고 다니는 것 같더라고요. 제가 일방적으로 이별을 통지했다는 둥, 성격이 이상하다는 둥, 자기한테 함부로 했다는 둥, 심지어 제가 하지도 않은 일까지 지어내어 이야기했더라고요."

그 친구 때문에 갑자기 학교에서 한남, 마초, 성격파탄자가 되어버렸습니다. 모르는 애가 태성이에게 DM을 보내 욕하고, 지나가는데 수군거리고, SNS 계정에까지 욕을 올리고……. 이런 상황이 견디기 쉽지 않고 화가 납니다.

"사실 그 친구의 마음은 어느 정도 이해할 수 있어요. 제가 그 친구를 만나면서 잘못한 것도 많고 서로 다투기도 많이 했으니까요. 제가 먼저 헤어지자고 해서 그 친구의 마음이 상했을 것 같기도 해요. 하지만 그건 어디까지나 그 친구와 제 이야기잖아요. 둘만의 관계이고, 아주 사적인 비밀 같은 거잖아요. 만약 제게 그런 아쉬움이 남았다면, 만나고 헤어지는 과정에서 상처가 있었다면, 그랬다면 제게 말했으면 되는 거잖아요. 왜 그런 이야기를, 심지어 과장되거나 있지도 않은 일까지 꾸며내어 주변에 제 욕을 하고 다니는지 정말 모르겠어요. 저는 이미 나쁜 놈이 되어버렸는데, 이제 어떻게 해야 할까요?"

누구에게나 이별은 쉽지 않다

참 속상하겠네요. 자기가 좋아하던, 한때는 많은 것을 공유하며 위로가 되던, 특별한 의미였던 여자친구가 이제는 자신을 비난하고 욕을 하며, 자신을 나쁜 사람으로 만들고 있다니 얼마나 당황스럽고 힘들까요. 태성이는 무엇보다 왜 그 친구가 이토록 자신을 비난하고 욕하는지 이해가 되지 않을 것 같아요. 왜 자신과 있었던 일을, 둘만의 일을 다른 사람들에게 이야기하는지, 심지어 과장하고 꾸며내어 자신을 비난하는지 이해가 되지 않을 것 같아요.

그 친구는 왜 그런 행동을 했을까요? 그 친구는 어떤 의도로 태성이를 비난한 것일까요? 아마도 그건 이별의 충격과 상처 때문일 거예요.

사람은 성장하고 자라며 누군가를 만나고 헤어집니다. 만남의 기쁨이 큰 만큼 이별의 슬픔도 큽니다. 그 사람에게 기대가 컸던 만큼 실망도 큽니다. 행복한 시간이 달콤했던 만큼 갈등의 시간이 고통스럽습니다. 그 사람과의 만남으로 새로운 세상이 열렸던 만큼 그 사람과의 헤어짐으로 하나의 세상이 무너집니다. 그 사람을 좋아했던 만큼 미움도 커집니다. 그것이 이별입니다.

이별은 그처럼 하나의 세상이 무너지는 것이기에 그로 인한 상처와 고통도 깊고 혹독합니다. 이별은 누구에게나 성인에게도 그렇게 힘든 일입니다. 어쩌면 이별은 아무리 반복해도 적응되지 않을 수 있습니다. 하물며 만남과 이별을 처음 경험했을지 모를, 아직 성장하는 과정에 있는 태성이와 여자친구 같은 청소년에게는 더욱 그럴 것입니다. 태성이 여자친구의 행동 역시 어쩌면 태성이를 비난하고 욕하기 위한 것이 아니라 그런 이별의 고통과 감정을 스스로 견디고 소화하지 못한 미숙함에서 비롯된 것은 아닐까요?

혼자 감당하기 힘겨워서

"저는 미나예요. 얼마 전까지 태성이와 사귀다가 헤어졌어요. 그런데 며칠 전 갑자기 당혹스러운 일이 생겼어요. 선생님이 불러서 갔더니 태성이가 저를 학교폭력으로 신고했다는 거예요. 저는 처음에는 너무 놀랍고 어이가 없었어요. 아니 얼마 전까지 사귄 여자친구인 저를 학교폭력으로 신고하다니요. 그런데 선생님으로부터 태성이의 신고 내용을 듣고 보니, 태성이가 이해되었고, 무엇보다 태성이에게 너무 미안해졌어요. 제 의도와 다르게, 제 말들로, 제 행동으로 인해 태성이가 많이 난처하고 힘들었을 것 같더라고요."

미나는 고백합니다. 태성이를 욕하고 비난한 것은 사실이라고요. 처음 태성이가 고백해서 사귄 이후 한동안 너무 행복했습니다. 미나도 태성이를 좋아했거든요. 서로 일상을 공유하고, 힘겨움을 나누고, 위로가 되어주고……. 친구들에게 태성이 자랑도 많이 했답니다. 그런데 시간이 지나면서 태성이와 성격상, 환경상 맞지 않는 점이 하나둘씩 생겼고, 별일 아닌데도 조금씩 다툼도 잦아졌습니다. 그러다 보니 태성이도 그랬을지 모르지만, 부정적인 감정이 자꾸 쌓였습니다.

"한번 다투고 나면 혼자 그 감정을 감당하기 힘겨워서 친한 친구들에게 토로하곤 했어요. 그러다 결국 태성이가 먼저 헤어지자고 하더라고요. 사실 저는 그때 너무 상처받고 태성이가 미웠어요. 저는 더 노력하고 맞춰 태성이와 더 잘 지내보려고 하는데 태성이는 그런 노력도 없이 그냥 힘드니까 내팽개쳐 버린 거잖아요. 저와의 관계를 그만큼 가볍게 여긴 거잖아요. 그냥 편한 방법으로 도망간 거잖아요. 그렇지만 잡지는 않았어요. 이미 잡을 수 없는 상황인 것 같았고 사실 자존심도 상했고요."

'나 때문에 더는 상처받지 않았으면'

그래서 쿨하게 헤어진 척했는데 막상 헤어지고 나니까 생각만큼 감정 정리가 잘되지 않았다는 미나. 태성이에 대한 섭섭한 마음과 미운 감정이 자꾸 솟아나고, 자기도 모르게 자꾸 예전 상황을 들추며 태성이의 행동을 되새김하며 원망했답니다. 그만큼 힘들었지요. 처음 겪는 이성과의 만남 및 이별을 통해 전해오는 그 깊은 감정의 격랑을 견디기 힘들었을 겁니다. 그래서 그 감정들을 친구들에게 토로했답니다.

"친구들에게 태성이가 예전에 했던 행동과 말을 꺼내며 아쉬움과 섭섭함을 토해냈고, 그러다 감정이 격해지면 과장된 이야기, 어쩌면 사실이 아닌 이야기들까지 했어요. 그러면 마치 고해성사하는 것처럼 마음이 한결 가벼워지기도 했고, 친구들이 위로하고 공감해주면 이별의 상처가 아무는 것 같았어요. 그때는 정말 제 생각만 한 거죠. 제 상처가 너무 아파서, 제 상처만 살피느라 제 말과 행동으로 인해 태성이가 받을 충격과 피해를 미처 생각하지 못했어요."

미나의 속마음은 태성이를 나쁜 아이로 만들거나 태성이가 친구들에게 비난을 받길 원한 건 아니었습니다. 그저 자신이 너무 힘들어 친구들에게 위로받고 공감 받으려 했는데 그게 결과적으로 태성이를 힘들게 한 겁니다. 친구들이 그렇게까지 태성이를 비난할 줄 몰랐고요. 지금은 태성이에게 많이 미안하고 사과하고 싶은 마음이랍니다.

"이번 일을 통해 여러 가지를 배웠어요. 만남과 이별에도 예의가 필요하고, 그 과정에서 발생하는 감정의 격랑을 스스로 다스리고 감당할 줄 알아야 한다는 사실을 배웠어요. 모쪼록 태성이가 저 때문에 일어난 일로 더는 비난받거나 상처받지 않았으면 해요."

이별을 대하는 자세

역시 그랬군요. 미나가 태성이를 욕하고 비난하려는 의도는 없었던 것 같아요. 미나가 너무 힘들다 보니, 아직 감당하기에 힘든 감정이다 보니 자기 상처만 본 것 같아요.

어때요? 태성이도 이제 미나의 마음이 이해되었나요? 물론 미나가 태성이를 비난하거나 욕할 의도가 없었다고 해서 미나의 행동이 문제가 되지 않는 것은 아닙니다. 미나가 태성이 험담을 해서 태성이의 명예가 훼손되었고 그로 인해 태성이가 정신적 피해를 입었기에 미나의 행동은 학교폭력에 해당할 수 있습니다.

그런데 학교폭력에 해당하는지를 떠나, 미나와 태성이 모두 알고 배워야 할 중요한 것이 있습니다. 그것은 사람을 대하고, 만남과 이별을 대하는 태도입니다. 사실 미나와 태성이 사이의 문제뿐만 아니라 많은 학생이 서로 사귀고, 만나고, 헤어지는 과정에서 서로 성숙하지 못해 상대에게 상처와 고통을 줍니다. 이것은 우리 학생들만의 문제가 아닙니다. 성인 역시 만남과 헤어짐의 과정에서 서로에게 견디기 힘든 상처를 주고, 때로는 그것이 참혹한 범죄와 같은 파멸로 이어집니다.

왜 많은 학생에게서, 아니 많은 성인에게서도 이와 같은 일이 발생할까요? 아마도 그것은 이별 혹은 관계를 대하는 자세에 문제가 있기 때문은 아닐까요?

둘이 함께 엮고 푸는 동안

홍상수 감독의 〈오! 수정〉이라는 영화가 있습니다. 이 영화는 같은 사건, 상황에 대한 두 남녀 주인공의 기억이 얼마나 다른지 보여줍니다. 두 남녀는 연인으로 관계의 시작, 만남의 지속과 갈등, 헤어짐과 재회를 경험하며 같은 사건들을 경험했음에도 각자의 기억은 물리적으로 전혀 다른 사실로 구성됩니다. 두 주인공이 어떻게 만났고, 어떻게 사랑했으며, 어떻게 갈등했고, 어떻게 헤어졌는지에 대한 각자의 기억이 전혀 다릅니다.

이 영화를 보면 사람의 기억이 얼마나 주관적인지를, 관계를 마주하는 개인의 관점이 얼마나 자신에게 치우쳐 있는지를 느끼게 됩니다. 단순히 극적 장치로 그런 것이 아니라 실제로 사람은 지극히 주관적입니다. 객관적인 사실마저 자신에게 유리하게, 자신이 보고 싶은 대로 기억합니다. 그렇기에 관계를 대하는 우리의 자세 역시 지극히 주관적입니다. 상대와의 관계를 구성하는 경험에 대한 기억을 자신에게 유리하게 왜곡해 기억합니다.

관계에서 내 잘못은 보이지 않고 상대의 잘못만 보입니다. 상대의 아픔은 보이지 않고 내 아픔만 보입니다. 상대에 대한 원망만으로 가득하게 됩니다. 그렇습니다. 이것이 바로 우리가 사람과의 만남, 이별을 대하는 통상적인 태도입니다. 그렇기에 미나는 태성이와 만남을 이어가고 갈등이 반복되며 결국 헤어지는 과정에서 태성이의 잘못만 보이고 태성이에 대한 원망만 가득했을 것입니다. 태성이와 만남을 통해 느낀 행복한 감정과 시간은 잊은 채 과거는 오로지 아픈 상처로만 기억되었을 것입니다. 그 모든 원인이 태성이에게 있는 것으로 느껴지고 태성이를 원망하고 비난했을 것입니다.

태성이 역시 그랬을지 모릅니다. 다툼과 갈등이 발생하는 원인이 미나에게 있다고 생각했을지 모릅니다. 그래서 미나와 관계를 원만하게 풀 노력은 하지 않고 일방적으로 이별 통보를 했을지 모릅니다. 태성이 역시 자신의 상처만 보았을지 모릅니다.

관계는 어느 일방의 잘못으로 귀결되지 않습니다. 서로의 상호작용에 의한 결과입니다. 그렇기에 남녀의 이별 역시 일방의 잘못에 의한 결과가 아닐 것입니다. 상대의 잘못만 보지 말고 내 잘못도 봐야 합니다. 내 상처만 보지 말고 상대의 상처도 봐야 합니다. 아니, 누구의 잘못인지 따지지 않는 것은 어떨까요? 누구의 잘못이 아니라도 이별이 찾아올 수 있으니까요. 상대를, 나를 탓하지 않고 다가온 이별을 담담히 받아들이는 것은 어떨까요? 얼마간은 힘들지 모르지만, 좋은 기억은 간직하고 나쁜 기억은 흘려보내며 새로 열릴 세상을 기대하는 건 어떨까요?

미나와 태성이가 이번 경험을 통해 그런 태도를 배운다면 다가오는 새로운 만남에서는 더 좋은 관계를 이어갈 수 있을 거예요. 어쩌면 또 찾아올지 모를 이별을 슬기롭게 이겨낼 수 있을 거예요.

그것은 온전히 미나의 몫입니다

페이스북 DM을 보내거나, SNS 계정에 댓글을 달거나, 페이스북 프로필에 저격글을 게시하는 등으로 태성이를 비난하고 욕한 미나 친구들의 행동은 어떨까요? 그것 역시 학교폭력이 아닌가요? 그렇습니다. 그런 미나 친구들의 행동은 모욕, 명예훼손, 사이버폭력에 해당하는 학교폭력이 될 수 있습니다.

미나 친구들은 왜 그런 행동을 했을까요? 아마도 친구로서 미나를 위하는 마음이었을 거예요. 태성이를 악의적으로 비난하려는 것은 아닐 거예요. 그런데 미나 친구들이 꼭 알아야 할 것이 있습니다. 우리 속담에 "남 떡 먹는데 팥고물 떨어지는 걱정한다"는 말이 있습니다. 이 속담은 남의 일에 쉽게 나서는 사람, 남의 일에 쓸데없이 끼어들어 시간과 에너지를 낭비하는 사람을 조롱함과 동시에 그런 행동을 스스로 경계할 것을 우리에게 알려줍니다.

미나와 태성이의 문제는 어디까지나 그 둘만의 일입니다. 태성이가 미나에게 잘못했다고 해서 미나 친구들이 태성이를 욕하고 비난할 권리가 없습니다. 더구나 미나 친구들은 제삼자로 미나와 태성이 사이의 일을 정확히 알지 못합니다. 남의 일에 개입하는 일은 우주에 개입하는 것과 같다는 말도 있습니다. 우리가 우주를 다 이해하고 알지 못하는 것처럼 남의 일과 속사정 역시 다 알지 못하고 이해하지 못합니다.

설사 남의 사정을 다 알고 있다고 해도 타인의 문제는 타인의 문제이며, 하물며 남의 사정을, 타인의 관계를 온전히 알지 못하면서 남의 문제, 타인과의 관계에 끼어든다면 어떤 문제가 생길까요? 그렇습니다. 미나 친구들의 행동으로 태성이에게 큰 피해가 발생했던 것처럼 그런 행동은 다른 사람을 아프게 하거나 불필요한 새로운 갈등을 만들어낼 수 있습니다.

미나 친구들이 미나의 친구로서 해야 할 일은 미나의 이야기를 들어주고, 공감해주며, 위로해주는 것입니다. 미나가 힘든 상황을 스스로 이겨내고 성장할 수 있도록 지지를 보내는 것입니다. 단지, 거기까지입니다. 미나의 일은 미나 스스로 풀어내도록 곁에서 지켜봐주세요. 태성이를 욕하고 비난하더라도, 태성이의 잘못을 따지더라도 그것은 오로지 당사자인 미나의 몫임을 잊지 말기 바랍니다.

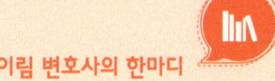

누군가를 좋아하는 마음, 좋아하는 이성과 교제하는 것은 나쁜 일이 아닙니다. 사람으로서 당연한 마음이기에 성장하며 이성에게 호감을 보이고, 이성과 만남을 갈구하고, 실제로 만남을 이어가는 것은 자연스러운 일입니다. 다만, 우리 학생들은 아직 이성적·감정적으로 성숙하지 못하기에 이성과 만남을 시도하고, 만남을 이어가며, 이별하는 과정에서 상대에게 아픔과 상처를 줄 수 있고, 본인 역시 큰 상처를 받을 수도 있습니다. 이성과 만남, 이별의 과정은 성인에게도 어려운 일이니까요.

이성과 만남, 이별의 과정에 가장 필요한 것은 무엇일까요? 그것은 상대에 대한 존중과 배려입니다. 상대에 대한 존중과 배려가 없다면 만남은 계속되기 어렵고, 이별 후에도 상대에게는 상처로 남을 것입니다. 모쪼록 이성과 만남, 헤어짐의 모든 과정에서 항상 상대에 대한 존중과 배려가 필요하다는 사실을, 나아가 만남의 과정에서 느끼는 감정의 격랑을 스스로 다스리고 이별 또한 받아들일 수 있어야 한다는 사실을 배웠기를 바랍니다.

우리라는 울타리 속에서

뒷담화만 했다는
변명

"저만 그런 게 아니잖아요"

　미영이는 수진이와 자주 놀고 장난도 치고 속마음도 서로 이야기하는 친한 사이였습니다. 그런데 얼마 전 말다툼한 것뿐인데, 수진이한테 너무 서운하고 속상한 일이 있었답니다. 몇몇 친구와 대화 중에 수진이 이야기가 나오자 미영이가 저도 모르게 속상한 마음에 수진이에 관해 안 좋은 말을 좀 했습니다. 그런데 수진이가 얼마 후에 미영이를 학교폭력으로 신고했습니다. 미영이 말로는 수진이 욕을 했다고 누군가 수진이에게 알린 것 같답니다.

　미영이는 몹시 속상합니다. 뒷담화를 조금 했을 뿐인데 학교폭력이라는 말에 깜짝 놀라기도 했습니다. 뒷담화도 학교폭력이 될 수 있다는 말에 더 그랬죠. '없는 자리에서는 임금님 욕도 한다' 라는 말도 있고, 단지 뒷담화를 했다고 학교폭력이라니요?

미영이가 제게 보낸 하소연의 끝은 이렇습니다.

"저뿐만 아니라 다들 그러지 않나요? 그런데 그걸 학교폭력이라고 한다면 너무한 것 아닌가요?"

누구에게나 명예는 있다

뒷담화하는 행위가 학교폭력이 될 수 있다는 걸 이해하려면, 조금 어려울 수 있지만, 명예훼손과 모욕이 무엇인지부터 알아야 합니다. 먼저 명예란 대개 '사람에 대한 사회적 평가'를 의미합니다. 쉽게 말하면 다른 사람이 나를 "참 좋은 사람이야." 또는 "정말 훌륭해." 라고 말하는 것과 같은 것으로, 명예훼손과 모욕은 사람의 명예, 즉 '사람에 대한 사회적 평가'를 떨어뜨리는 말과 행위입니다. 다른 사람들이 나에 대해 "나쁜 사람이야." 또는 "못된 사람이야."라고 인식하는 것이죠.

이때 명예훼손은 구체적 사실을 들어 다른 사람에 대한 사회적 평가를 떨어뜨리는 것이고, 모욕은 구체적 사실이 아니라 욕설, 경멸적 표현 등을 통해 다른 사람의 사회적 평가를 떨어뜨린다는 점에서 차이가 있을 뿐입니다. 예를 들어 누군가 나에 대해 다른 사람들에게 "그는 친구들 돈을 빌려 가서 갚지도 않는 사기꾼, 나쁜 놈이야" 라고 이야기하면 명예훼손이고, "완전 사기꾼 나쁜 놈이야"라고 하면 모욕이 됩니다. 하지만 둘 다 나에 대한 사회적 평가를 '사기꾼', '나쁜 놈'으로 떨어뜨린다는 점에서는 같습니다.

그럼 왜 명예훼손과 모욕이 학교폭력일까요? 처지를 바꿔 생각해 보세요. 만약 수진이가 다른 친구들에게 나에 대해 안 좋은 이야기를 하고 다니면 기분이 어떨까요? 다른 친구들 사이에서 내가 '좋지 않은 아이', '나쁜 아이'로 평가되면 어떨까요? 미영이도 지금 그런 아픔을 겪는 중입니다. 몹시 불쾌하고, 기분 나쁘고, 그런 이야기를 계속 들을수록 스트레스를 받고 정신적 충격도 심하겠죠.

나를 아프게 하는 말들

명예훼손과 모욕은 이처럼 누군가의 자존감을 떨어뜨리고 그 사람에게 큰 정신적 충격을 주기 때문에 학교폭력예방법은 그것을 학교폭력으로 규정하고 있습니다.

사람은 '사회적 동물'이라는 말을 들어보았을 거예요. 그 말은 사람은 사회적 관계, 즉 타인과 관계 맺음을 통해 살아가며 자아와 정체성 또한 많은 부분 타인과의 관계를 통해 형성된다는 뜻입니다. 누구나 다른 사람들에게 인정받기를 원하고 좋은 평가를 받기를 원하지 다른 사람에게 좋지 않은 사람으로 평가되고 기억되는 것은 원하지 않습니다. 내가 다른 사람들에게 나쁜 사람, 좋지 않은 사람으로 평가된다는 건 나의 자존감과 정체성에 큰 충격을 주고 심하게는 자기의 존재가치와 삶의 가치마저도 부정하게 하기도 합니다.

인터넷 기사 등을 통해 들어본 적이 있을 거예요. 연예인이 악성 댓글에 시달려 우울증에 걸리고 심한 경우 자살에까지 이르는 일이 여러 번 있었죠. 그게 명예훼손과 모욕이 한 사람에게 얼마나 심각한 정신적 피해를 주는지 보여주는 대표적인 사례예요.

그런 댓글을 단 사람들은 그냥 가벼운 마음으로, 아무렇지 않게 누군가를 험담하고 비난하며 욕했을지 모르지만, 자신은 그 연예인을 해코지할 마음은 아니었다고 할지 모르지만, 그 말을 들은 연예인은 우리가 상상할 수 없을 정도의 정신적 고통에 시달릴 수 있습니다. '무심코 던진 돌에 개구리가 맞아 죽는다' 라는 말처럼요.

우리는 연예인이 아니라고요? 아닙니다. 누구나 마찬가지이고, 일상에 그와 같은 일이 빈번히 일어나고 있습니다. 자신에 대한 험담과 비난에 직면하고 심지어 그 상황이 반복된다면 누구라도 큰 상처를 받고 견디기 어려운 정신적 고통을 겪을 수 있습니다.

명예훼손과 모욕이 무서운 것은 말의 전파성 때문입니다.

'발 없는 말이 천 리 간다' 라는 속담 알죠? 여기서 말은 말이라는 동물이 아니라 우리가 평소 입으로 내뱉는 언어, 말을 의미합니다. 속담은 우리 조상들이 아주 오랜 시간, 오랜 세대를 거치며 반복해 겪은 삶의 경험, 진리와 같습니다.

이들 속담 중에서 '발 없는 말이 천 리 간다' 라는 말이 얼마나 멀리 가는지, 어렵게 말하면 말의 전파성이 얼마나 큰지 알려줍니다. 누군가 한마디 했는데 그 말이 천 리 밖에 있던 사람에게까지 들리는 거죠. 그렇습니다. 그는 나쁜 아이라고 다른 친구에게 한마디 했는데, 당사자는 전혀 모르는 아이들이 "그 애는 참 나쁜 아이야"라고 이야기를 하는 걸 듣는 거죠.

이처럼 말은 전파성이 너무 강해 일단 부정적인 말이 퍼지면 당사자가 실제 그런 사람인지와 관계없이, 당사자가 아무리 그것을 바로잡으려 노력해도 이미 나쁜 사람이 되어 있는 거예요. 그런 상황에서 당사자는 마음이 어떨까요?

수진이의 마음

"저는 미영이와 친하고 서로 좋은 친구라고 생각하면서 잘 지냈어요. 그런데 얼마 전 미영이와 사소한 일로 크게 다툰 일이 있었는데요. 사실 별일 아니었지만 어쩌다 보니 서로 감정이 상했어요. 생각해보면 저도 잘못한 게 많죠. 그런데 어느 날 갑자기 학교와 학원에서 모르는 애들이 저에 대해 수군거리고 심지어 페이스북 DM으로 저를 욕하는 메시지까지 오는 거예요. 이제 무슨 일인가 싶었는데, 한 친구가 제게 알려주었어요. 너에 대해 좋지 않은 소문이 돌아다닌다고요. 그래서 여기저기 알아봤더니 그 소문의 출발이 미영이더라고요. 너무 충격을 받고 상처받았어요. 친한 친구라 생각했던 미영이가 나를 그렇게 뒤에서 욕하고 다녔다는 사실에 배신감을 느꼈고, 주위 친구들과 심지어 모르는 애들에게까지 나에 대해 좋지 않은 소문이 돌고, 제 페이스북 계정까지 와서 욕을 하는 상황이 너무 힘들어요. 이런 상황을 만든 미영이가 처벌을 받았으면 좋겠어요.”

어때요? 자신의 행위가 왜 학교폭력이 될 수 있는지 이해했나요? 수진이 입장이 이해가 되나요? 서운한 마음에 악의 없이 무심코 친구들에게 안 좋은 말을 했을지 모르지만, 그 말이 걷잡을 수 없이 퍼져 수진이는 이미 ‘나쁜 아이’ 가 되어버렸고, 그로 인해 마음의 큰 상처를 입었습니다.

‘사람을 죽이는 건 칼이 아닌 말이다’ 라는 말도 있듯이 내가 무심코 뱉은 타인에 대한 부정적인 말이 그 사람을 아프게 하고, 큰 상처를 주고, 나아가 그를 죽음에 이르게 할 수도 있다는 걸 알겠죠? 아픈 경험을 통해 알게 되었다니 그나마 참 다행입니다.

“그럼 어떻게 해야 하나요”

‘앞담화’ 를 했으면 어땠을까 생각합니다. 뒷담화는 뒤에서 남 이야기를 하는 걸 말합니다. 그럼 앞담화는 뭘까요? 네, 그 사람 앞에서 우리 이야기를 하는 것이 앞담화입니다.

이미 이야기한 것처럼 사람은 사회적 동물이기 때문에 혼자서 살아갈 수 없고, 필연적으로 다른 사람들과 관계를 맺으면서 살 수밖에 없습니다. 그런데 모든 사람이 각자의 성격과 생각, 가치관이 다르다 보니 서로 관계를 맺는 과정에서 항상 갈등이 발생합니다. 미영이가 수진이와 다툰 것도 그런 갈등의 한 형태로 볼 수 있습니다.

그런 갈등에 부딪혔을 때 어떻게 해야 할까요? 친구 없이 혼자 지내야 할까요? 아닙니다. 사람은 필연적으로 누군가와 갈등을 빚으며 관계를 맺어갑니다. 그건 학생뿐만 아니라 어른들, 지금 이 글을 쓰는 저도 마찬가지입니다. 우리는 모두 다른 사람과 관계를 맺으며 살아가면서 다양한 갈등을 접합니다. 그렇다면 결국 중요한 것은 갈등 그 자체를 회피하는 것이 아니라 갈등을 어떻게 풀어가느냐입니다. 필연적으로 다른 사람과 관계를 맺으며 접할 수밖에 없는 갈등 상황에 놓였을 때 그 갈등을 지혜롭게, 그리고 상대방과 함께 풀어나가는 것이 중요합니다.

너무 어렵고 추상적인가요? 다시 미영이 상황으로 돌아가서 이야기하겠습니다. 미영이가 수진이와 다투고 들었던 서운한 마음을 수진이에게 직접 이야기했으면 어땠을까요? 수진이와 다툰 날은 서로 감정이 상했기 때문에 대화가 어려웠을 수 있지만, 시간이 조금 지난 후 감정이 풀어진 상태에서 수진이와 대화를 하거나 메시지 또는 손편지를 전하는 방식으로 미영이의 마음, 서운했던 감정, 미영이가 원하는 것들, 좋은 관계를 유지하고 싶은 마음 등을 차분히 전달해

보았으면 좋았을 것 같습니다.

물론 미영이가 그렇게 했다고 해서 수진이와 관계가 좋아졌으리라 단정할 수는 없습니다. 하지만 중요한 것은 미영이가 수진이와 갈등을 회피하지 않고 정면으로 맞으며 수진이와 함께 풀어나가려는 지혜로운 노력을 했다는 사실이고, 그를 통해 미영이가 다른 사람과의 갈등을 풀어나가고 관계를 맺는 방식을 배우며 성장할 수 있었다는 겁니다. 그렇다면 수진이도 지금처럼 상처받는 일이 없었을 테죠.

어때요? 이제 앞으로 비슷한 상황에 놓이면 어떻게 해야 할지 알겠죠?

사실이라도 용서받을 수 없다

다른 사람에 대해 거짓말을 하거나 험담 또는 욕설을 하지 않고, 실제 사실을 다른 사람들에게 이야기해도, 그 사실이 그에 대한 사회적 평가를 떨어뜨리는 내용이라면 그 행위도 명예훼손이 될 수 있습니다.

"학교폭력으로 전학 왔대", "전에 물건을 훔쳤대"와 같은 말을 다른 사람에게 전했다면, 그것이 사실이라도 학교폭력이 될 수 있습니다. 그런 사실은 당사자에게는 감추고 싶은 약점에 해당하고, 누구도 그 약점을 남들에게 함부로 이야기할 권리는 없기 때문입니다.

만약에 그가 그런 잘못을 했다면, 법률에 따라 그에 맞는 처벌이나 조치를 받으면 될 뿐, 한 번 잘못했다고 해서 그로 인해 계속해서 다른 친구들에게 욕을 먹거나, 친구들 사이에서 배척(왕따)되거나 하는 것은 너무 가혹한 일이 아닐까요?

친구들에게 전달한 내용이 다른 사람에 대한 허위사실(거짓말)일 때는 더욱 심하게 처벌받습니다. 상대에 대한 헛소문, 거짓말이 퍼진다면 그는 어떨까요? 헛소문이나 거짓말이라면 그가 입는 피해가 너무 크기 때문에 사실을 전달한 경우보다 더 세게 처벌됩니다.

특히 친구들에게 말로 하는 것이 아니라 페이스북, 카카오톡 등을 통해 다른 사람의 명예를 훼손하거나 모욕하는 경우 더 심하게 처벌됩니다. SNS는 전파성이 아주 강해 입을 통하는 것보다 전파 속도가 매우 빠르고, 전파 범위도 매우 광범위해서 그가 입는 피해가 너무 크기 때문입니다.

생김새가 다르다고
틀린 건 아니잖아

새 학년에 올라가자마자 생긴 일

성재는 요즘 너무 속상해서 학교 가기가 싫습니다. 같은 반 아이 중 몇 명이 자꾸 성재를 놀리고, 조롱하며 괴롭혀서 진짜 학교 가는 게 너무 싫습니다. 사실 성재는 다른 아이들과 조금 다르게 생겼습니다. 어머니가 외국 사람이라 부모님 모두 한국 사람인 애들하고는 피부색이나 얼굴 생김새가 조금 다른데, 그게 금방 티가 나는가 봅니다.

언젠가부터 남들과 다르게 생긴 모습에 자기도 모르게 위축되곤 했는데, 그걸 주변에서 지적하면 더욱 위축되고 왠지 모르게 풀이 죽는 성재. 부모님도, 학교 선생님도 그건 누구나 다르게 생긴 것처럼 다르게 생긴 것이고 아무런 문제가 아니니 신경쓰지 말라고 하지만 아직 성재에게는 말처럼 쉬운 일이 아닙니다.

그래도 지난 학년까지는 반 친구들과 참 잘 지낸 성재. 다들 성재의 생김새에 대해 특별히 이야기하지 않았고, 다 같은 반 친구로 재미있게 지내서 생김새로 인한 특별한 어려움은 없었습니다. 그런데 얼마 전 새 학년이 되어 새로운 반 친구들을 만났는데, 그중 어울려다니는 무리 몇 명이 자꾸 성재의 생김새를 가지고 놀립니다. 그러다 보니 어느새 반 친구들 상당수도 은근히 동조하는 분위기마저 생겼습니다.

성재는 그 친구들이 놀리고 조롱하는 말을 차마 꺼내지 못합니다. 그래도 한참 뒤에야 "'야, 동남아'라고 부르기도 하고, '원딸라, 원딸라', '할롱할롱', '싸와디캅' 같은 말을 우스꽝스러운 손 모으는 몸짓 등과 함께하며 자기들끼리 웃고, 심지어는 '요즘에는 일당 엄청 많이 준다며, 니네 고향에서 재벌 되겠다 크크'라는 말까지 해요."라며 제게 터놓았습니다.

그런 놀림이 점점 심해지더니 이제는 단톡방에서도 그런 식의 말을 하고, 다른 아이들까지 킥킥거리면서 웃고, 심지어 동남아 사람들의 이상한 사진까지 올리고, 성재에게 DM까지 하면서 괴롭힙니다. 성재는 그런 아이들의 놀림과 조롱, 비하에 이제는 학교 가기가 너무 싫습니다. 학교만 가면 위축되고, 우울하고, 아무것도 할 수가 없습니다. 여러분이 성재라면 어떻게 해야 할까요?

생김새가 다르다고 차별받아야 할까

성재가 겪어서는 안 되는 일을 겪고 있는 것 같아 마음이 아프네요. 성재가 겪고 있는 일은 명백한 차별과 혐오로 결코 용인될 수 없는 중대한 폭력으로, 당연히 학교폭력에 해당합니다. 차별과 혐오란 무엇일까요? 차별과 혐오는 무엇 때문에 생기고 왜 허용되어서는 안 될까요?

차별의 사전적 의미를 살펴보면 '둘 또는 여럿 사이에 차등을 두어 구별함'이라고 되어 있습니다. 그 의미를 풀어 보면, 사람들 사이에 높고 낮음의 등급이 있다는 전제 아래, 그 등급이 높은 사람과 낮은 사람을 구분해, 그 등급에 맞게 사람을 대한다는 것입니다. 혐오의 사전적 의미는 '특정 대상을 싫어하고 미워하는 감정'입니다. 결론적으로 차별과 혐오, 즉 차별에서 비롯된 혐오란 '나보다 혹은 우리보다 등급이 낮은 사람을 나, 우리와 구분하여 싫어하고 미워하며 그 감정을 언어, 행동으로 표현하는 것'을 의미하겠네요.

이와 같은 차별과 혐오라는 관점에 기초해 성재 친구들의 행동을 살펴보면, 성재 친구들은 성재가 자신들과 생김새가 다르고 어머니가 동남아 국가 출신이라는 점에 기초해 성재를 자기들보다 못난 사람, 열등한 존재로 규정하고 구분했으며, 성재에 대한 무시, 조롱, 멸시, 비하 등으로 싫어하고 미워하는 감정을 표현한 것입니다.

차이가 아닌 다름만이 존재할 뿐

차별과 혐오가 무엇인지 살펴보았는데요, 그럼 도대체 왜, 무엇에 기초해 차별과 혐오가 생기는 걸까요? 사실 차별과 혐오는 어제오늘만의 문제가 아닙니다. 인류의 오랜 역사 내내 차별과 혐오가 다양한 형태로 존재했습니다. 불과 100여 년 전까지만 해도 신분제, 노예제가 있었고, 제2차 세계대전 중에는 유대인에 대한 대학살(홀로코스트)이 있었으며, 1920년대 일본 관동대지진 때 조선인 대학살이 있었고, 현대에 이르러서도 세계 곳곳에서 다양한 형태의 차별과 혐오가 여전히 넘쳐납니다.

그런데 차별과 혐오의 다양한 형태에도 불구하고 차별과 혐오의 근거, 차별을 정당화시키는 이유는 동일합니다. 그것은 바로 '차이'입니다. 차이라는 단어는 그 의미 자체에 옳고 그름, 잘나고 못남, 높은 등급과 낮은 등급 사이에 간격이 존재한다는 것을 내포하고 있습니다. 즉 차별의 대상인 너는 나 혹은 우리와 차이가 있고, 너는 나 혹은 우리보다 못나고 열등한 존재로 나 혹은 우리와 간격이 있기에, 너는 나 혹은 우리와 다르게 다루어져야 한다는 것입니다.

그렇게 차별과 혐오를 정당화합니다. 신분제, 노예제가 그랬고, 유대인에 대한 학살이 그랬으며, 일본 제국주의의 우리나라 국민에 대한 억압과 학살이 그랬습니다. 지금도 여전히 존재하는 인종과 성별에 따른 차별이 그렇고, 각종 차별이 그렇습니다.

이쯤에서 다시 생각해볼까요. 그들 사이에 '차이', 즉 '우열'이 존재하나요? 유럽의 다양한 민족들과 유대인들 사이에 다름이 아닌 차이가 존재하나요? 백인과 흑인 사이에 다름이 아닌 차이가 존재하나요? 백인과 아시아 민족들 사이에 다름이 아닌 차이가 존재하나요? 대한민국 국민과 일본 국민 사이에 다름이 아닌 차이가 존재하나요? 대한민국 국민과 동남아 다른 국가 국민 사이에 다름이 아닌 차이가 존재하나요? 남성과 여성 사이에 다름이 아닌 차이가 존재하나요? 기독교인과 이슬람교인 사이에 다름이 아닌 차이가 존재하나요?

여전히 많은 사람들이 다름이 아닌 차이가 존재한다고 말할지 모릅니다. 그 근거로 여러 이론적, 사실적 배경을 제시할지 모릅니다. 지금까지 모든 차별과 혐오가 그랬던 것처럼요. 그러나 인류 역사가 발전하면서 지나온 과거를 돌이켰을 때, 당시에는 당연시되고 정당화되었던 어떤 차별과 혐오도, 그것이 무엇을 근거로 했든, 역사가 그것을 잘못된 것으로 평가했다는 사실을 기억한다면, 지금의 많은 차별과 혐오 또한 정당화될 수 없을 것이라는 사실을 분명히 알 수 있습니다.

차이가 아닙니다. 그저 다를 뿐입니다. 다름에는 우열이 없습니다. 등급이 없습니다. 높고 낮음이 없습니다. 옳고 그름이 없습니다. 성재와 성재 친구들 사이에는 외모의 다름, 피부색의 다름, 인종의 다름만이 존재할 뿐 우열이 없습니다. 높고 낮음이 없습니다.

차별과 혐오가 가져오는 폭력

그럼 차별과 혐오는 왜 문제인가요? 왜 그렇게 차별과 혐오는 잘 못된 것이라고 하는 걸까요? 이유는 아주 간단합니다. 차별과 혐오 는 폭력을 정당화하기 때문입니다. 만들어진 편견으로 다름을 차이 로 변질시키고, 그 차이를 근거로 차별과 혐오를 조장하며, 그 차별 과 혐오에 기초하여 폭력을 정당화합니다.

중세 신분제는 신을 근거로, 조선의 신분제는 유교 사상을 근거로 존재하지 않는 차이를 만들어 하층민에 대한 차별과 착취를 정당화 했고, 독일 나치는 우생학을 근거로 다름을 차이로 변질시켜 유대인 에 대한 학살을 정당화했으며, 일본 제국주의는 신민 사상을 만들어 조선인에 대한 지배와 학살을 정당화했습니다. 이처럼 역사적으로 차별과 혐오는 반인륜적, 반인류적 범죄를 정당화했고, 지금도 세계 곳곳의 일상에서 차별과 혐오에 근거한 폭력이 차이라는 이름으로 정당화되고 있습니다.

성재 친구들은 그런 것은 잘 모른다고요? 약간 잘못된 장난을 한 것인데 너무 거창하게 이야기하는 것 아니냐고요? 그렇습니다. 사실 성재 친구들은 차별이니, 혐오니, 차이와 다름이니, 그런 것에 대해 알지 못하겠지요. 그런 생각을 하고 성재를 놀린 것이 아니라 그저 성재가 자신들과 다르게 생겨서 별생각 없이 놀렸을지도 모르지요.

그러나 우리는 그 사실을 기억해야 합니다. 많은 선량하고 평범한 독일 국민들이 아무 생각 없이 나치의 유대인 대학살에 가담하고 동조했다는 사실을, 많은 평범한 일본인들이 아무렇지 않게 조선에 대한 일제의 침략과 지배, 학살에 동참했다는 사실을, 지금도 세계 곳곳에서 평범한 시민이 종교적 차이, 인종적 차이 등을 이유로 누군지도 모를 타인에 대한 폭력과 테러를 감행하고 있다는 사실을 되새겨야 합니다.

자신도 모르게 내면화된 차별적 인식

그들은 왜 그런 걸까요? 왜 그들은 비이성적인 증오와 적개심을 드러내며 특정 대상에 대한 폭력을 자행하면서도 아무런 죄책감을 느끼지 않을까요? 네, 맞습니다. 성재 친구들처럼 생각이 없었기 때문입니다. 자신들의 생각과 행동의 의미에 대한 진지한 고민과 성찰이 없었기 때문입니다. 차별과 혐오를 자신도 모르게 내재화했기 때문입니다. 그렇게 내재화된 차별과 혐오가 개인을 넘어 커다란 사회적, 정치적, 종교적 이념과 만나 정당화되었을 때, 엄청난 범죄가 평범한 개인에 의해 아무렇지 않게 일어나는 것입니다. 그렇기에 우리는 이제라도 아무것도 아닌 것처럼 보이는 일상에서의 조그만 편견과 차별, 그에 기초한 혐오를 경계해야 합니다.

성재 친구들이 왜 아무렇지도 않게 성재를 놀리고, 조롱하고, 비하

하며 괴롭혔을까요? 왜 그 친구들은 자신들의 행동에 죄책감을 느끼지 않았을까요? 왜 그 친구들은 유독 성재와 자기들의 다름에 주목했을까요? 그 이유는 성재 친구들 자신도 모르게 성재와 자신들의 다름을 이미 차이로 인식하고 있어서가 아닐까요. 자신도 모르게 내면화된 그 차별적 인식이 혐오와 폭력에 대한 감각을 마비시키지 않았을까요.

성재 친구들이 아직 이런 것을 다 이해할 수는 없겠지만, 이것만은 꼭 기억하기를 바랍니다. 사람들은 여러 면에서 서로 다름이 있지만 그것은 다름에 불과할 뿐 차이가 아니라는 사실을, 사람 사이에 우열과 차등은 있지 않다는 사실을, 다름을 이유로 누군가를 차별하고 혐오하며 폭력적 언행을 해서는 안 된다는 사실을 반드시 잊지 말기를 바랍니다.

다름은 있어도
차별은 없는 삶

"친하게 지내자고 그러는 거야"

얼마 전 지금 학교로 전학을 왔다. 원래 도시가 아닌 시골에서 학교에 다녔는데, 부모님의 직장 문제로 이곳으로 이사해 도시의 학교로 온 것이다.

시골에서 학교 다니다 이곳 도시의 학교로 오니 모든 게 너무 낯설고 두려웠다. 무엇보다 친구들을 새로 사귀는 게 너무 힘들었다. 옷차림, 말투, 놀이 문화, 성향 등 모든 것이 달라 적응하기가 쉽지 않았다. 여러모로 많이 위축되었지만 바뀐 환경에 적응하고 새로운 친구들을 사귀려 노력했다. 그런 어느 날 반 아이들 몇 명이 나를 단톡방으로 초대했다. 그때 너무나 기뻤다. 드디어 친구들이 생기는구나 싶었다.

그런데 알고 보니 나와 친하게 지낼 생각으로 나를 초대한 게 아니었다. 나를 놀리고, 조롱하고, 자기들의 재미를 위해 나를 초대한 것이었다. 내가 입은 옷과 신발 등을 언급하며 자기들끼리 킥킥거리고, 허름한 시골 동네 사진, 시골 밥상 사진 등을 올리며 "이런 데 사냐?", "이런 것 먹냐?" 비아냥거리듯 묻고, 시골 냄새가 난다며 킥킥거렸다.

그런 행위가 반복되어 단톡방을 나왔는데 나를 또 초대해서 "왜 나가냐?", "친하게 지내자고 그러는 건데 왜 그러냐?", "너 친구 없지 않냐?" 하며 비아냥거리듯 글을 올렸다. 그래서 단톡방을 다시 나왔는데 또 초대해서 나를 괴롭히고……

나는 너무 지쳐 단톡방을 나오지도 않고 그냥 있었는데, 단톡방에서 마음이 내킬 때마다……. 이제는 너무 힘들어지고 학교 가는 것도 싫어진다.

"아직도 친구들 때문에 힘들어요"

희영이의 사연을 읽고 여러분은 어떤가요? 그 친구들의 행동은 '사이버따돌림'이라는 유형의 학교폭력에 해당합니다. 그 친구들의 행위로 희영이는 몹시 힘들었고 지금도 힘들어합니다. 학교폭력예방법은 '인터넷, 휴대전화 등 정보통신기기를 이용하여 학생들이 특정 학생들을 대상으로 지속적, 반복적으로 심리적 공격을 가하거나,

특정 학생과 관련된 개인정보 또는 허위사실을 유포하여 상대방이 고통을 느끼도록 하는 모든 행위'를 사이버따돌림으로 정의하고 학교폭력으로 규정하고 있습니다. 최근 학생들 사이에서 인터넷, 핸드폰과 같은 정보통신기기를 통한 사이버 폭력이 빈번하게 발생해 그에 대처하기 위해 만들어진 규정입니다. 그 친구들의 행동은 SNS라는 사이버 공간에서 희영이라는 특정 학생을 대상으로 지속적, 반복적으로 놀림, 조롱, 모욕 등의 심리적 공격을 가해 희영이에게 정신적 고통을 느끼게 한 것으로, 명백한 학교폭력에 해당합니다.

그 친구들이 희영이에게 한 행동이 희영이에게 모멸감, 수치심 등 정신적 고통을 주었을 것이라는 점은 그 친구들도 분명히 알고 있을 겁니다. 그런데 그 친구들은 왜 희영이가 힘들어하는 줄 알면서도 그런 잘못된 행동을 계속할까요? 그 친구들은 왜 그렇게 희영이를 함부로 대할까요? 그것은 희영이가 시골에서 와서 자신들과 다르다거나, 자신들보다 경제적인 면에서나 여러 면에서 부족하기에 '그래도 된다'고 생각해서가 아닐까요?

여러 연구를 통해 확인된 것처럼 사람은 자신과 다른 사람, 다른 개체를 함부로 대하는 경향이 있으며, 그 차이가 크면 클수록, 즉 동질성이 멀면 멀수록 더 함부로 대하고, 그 행동에 죄책감을 느끼는 정도가 낮아지는 모습을 보입니다. 그런 행동은 분명히 잘못된 것입니다. 나와 다르다고 해서, 나보다 여러 면에서 부족하다고 해서 내가 그 사람을 함부로 대할 권리는 없으며, 상대방 역시 함부로 취급

받아야 할 이유가 없습니다. 사람은 사람 그 자체로, 인격 그 자체로 존중받아야 하며, 그 사람의 경제력, 능력, 그 사람을 둘러싼 환경 등을 이유로 함부로 무시하면 안 됩니다.

사는 곳이 그 사람의 격일까

요즘 희영이와 비슷한 상황으로 고통받는 친구들이 늘고 있고, 그런 상황이 너무 안타깝습니다. 소현이 역시 최근에 친구들로부터 그와 같은 사이버따돌림으로 고통받고 있습니다. 소현이의 이야기를 한번 들어볼까요.

얼마 전 이사를 와 새로운 학교로 전학 온 소현이. 그런데 이곳에 와보니 아이들이 자꾸 어디에 사냐며 묻고, 소현이는 아무 생각 없이 사는 곳을 이야기했답니다. 그런데 그 후부터 소현이를 대하는 아이들의 태도가 달라졌습니다. 처음에는 수군거리고 비웃더니, 어느 순간 대놓고 무시하고 조롱합니다. 알고 보니 소현이가 사는 아파트의 가격이 이 학교에 다니는 학생들이 주로 사는 아파트의 가격보다 훨씬 낮아서였습니다. 같이 다니면 안 된다거나, 같이 다니기 싫다거나, 급이 다르다는 이야기를 대놓고 하면서 무시하는 친구들. 그것은 사이버 폭력에까지 이르렀습니다.

소현이는 이 학교에 다니며 한 가지 중요한 사실을 깨달았습니다.

자신은 최하층 천민이고, 다른 학생들 사이에서도 아파트 가격, 자가, 전세, 월세 등에 따라 급이 나뉜다는 것을. 세상에 이런 말도 안되는 일이 벌어지는구나 싶고, 이게 정상인지 소현이는 혼란스럽습니다. 그 친구들의 기준에 따르면, 소현이가 사는 동네, 소현이가 사는 아파트, 소현이 부모님이 타는 차, 소현이 부모님 직업과 연봉이 곧 소현이의 등급이라니.

사람이 고기도 아니고 무슨 투뿔, 원뿔처럼 등급이 있을까요? 학교에서는 직업에 귀천이 없고 모든 사람은 평등하다고 하는데, 그건 교과서에서나 하는 이야기인가요? 사람은 그 존재 자체로 존중받아야 한다는데 현실은 왜 그렇지 않을까요?

사람은 그 자체로 존중받아야 할 존재

소현이의 말을 들으니 이제야 이해되네요. 희영이의 주변 친구들은, 소현이의 주변 친구들은 왜 희영이를, 소현이를 조롱하고 비하하는 등으로 함부로 대했을까요?

그렇습니다. 그들에게는 희영이, 소현이가 자신들보다 못나고 못살기 때문에, 자신들보다 '급'이 낮기에 함부로 대해도 된다고 생각하고 그런 것입니다. 정말 안타깝고 가슴 아픈 일입니다. 우리 사회에 금전 만능주의가 팽배해 그 사람이 사는 집, 타는 차, 입는 옷 등 사람의 본성과 관계없는 물질적·외적 측면으로만 그 사람을 평가하고, 그 기준에 따라 사람을 대하다 보니, 어른들의 잘못된 생각이 어느새 아이들, 학생들에게까지 전염된 것입니다.

지금이라도 꼭 알았으면 좋겠습니다. 사람을 그 사람 자체가 아닌 그 사람이 지닌 능력, 경제력, 환경 등으로 평가해서는 안 된다는 것을, 사람을 물건이나 고기처럼 등급을 나눌 수 없다는 사실을, 나아가 자신들이 세운 기준으로 남들을 함부로 대해서는 안 된다는 사실을, 누구도 남을 함부로 대할 권리가 없다는 사실을 꼭 알기를 바랍니다.

그와 같은 잘못된 생각과 행동을 멈추기를 바랍니다. 타인을 있는 그대로, 그 사람 그대로 보아주고, 존재 자체로 존중해주기를 바랍니다.

우리 팀은 늘
그랬다는 말

교육하거나 주의 주어야 할 때

저는 야구부 2학년 승호인데요. 요즘 고민이 생겼어요. 인터넷이나 방송 뉴스를 통해 학폭 미투라는 운동선수 학교폭력 사건을 종종 접하는데요. 그걸 보고 있으니 갑자기 걱정이 생겼어요.

'이러다 나도 학교폭력 사건으로 신고되면 어쩌지? 나중에 학교폭력으로 프로선수로 지명되지 못하면 어떡하지?'

사실 저도 지금까지 야구를 하면서 후배들 얼차려, 단체 기합을 시킨 일이 몇 번 있었거든요. 그런데 사실 그건 제가 후배들을 괴롭히려거나 나쁜 마음으로 한 게 아니거든요. 야구가 팀 스포츠이고 팀 문화와 위계질서가 있다 보니 팀을 위해 종종 후배들을 그런 식으로 교육하거나 주의를 주어야 할 때가 있거든요. 그게 팀 관행이고 문화이기도 하고요. 저도 1학년 때 그렇게 선배들에게 얼차려로 교육

받았고, 2학년이 되고는 3학년 선배들로부터 1학년 후배들을 교육하라는 지시에 따라 그렇게 한 경우가 많았어요.

하지만 제가 개인적으로 후배들을 때리거나 괴롭힌 적은 한 번도 없어요. 그런데도 그게 학교폭력이 될 수 있나요? 만약 맞다면 저는 앞으로 어떻게 해야 하나요?

팀이라는 이름의 폭력, 관행

승호가 걱정이 많겠네요. 그래도 지금이라도 자기 행동의 옳고 그름에 대한 의문을 가지고 고민하기 시작했다니 참 다행입니다. 그럼 승호의 행동을 학교폭력이라 볼 수 있는지, 그렇다면 왜 그와 같은 행동이 학교폭력임에도 불구하고 지금까지 오랜 시간 동안 운동부 내에서 반복되었는지, 앞으로 승호가 어떻게 행동하는 것이 좋을지 같이 살펴볼까요.

일단 이렇게 생각해봐요. 관행이라는 이름으로, 팀을 위한다는 명목으로, 선배가 시켰다는 명목으로 했던 행동들을 승호가 개인적인 판단으로 스스로 했다고 가정할 때, 승호는 그것이 학교폭력이라고 생각하나요? 아니라고 생각하나요? 후배들을 엎드려뻗쳐 등으로 얼차려를 주거나, 그 상태에서 엉덩이를 야구방망이로 때리거나, 후배들을 세워 놓고 주먹으로 가슴을 친다거나, 운동장을 계속해서 달리게 하거나, 내 개인 장비의 이동, 보관, 관리 등을 후배가 하게 시키거나 하는 등의 행동을 했다면 그것이 학교폭력이라고 생각하나요? 아니라고 생각하나요? 네, 그래요. 그것은 당연히 신체폭력, 강요, 괴롭힘 등에 해당하는 학교폭력입니다.

그럼 다시 생각해볼까요? 자기 스스로 당연히 학교폭력이라고 생각하는 행동들을 왜 지금까지 별다른 고민 없이, 의문 없이 반복했을까요? 왜 그것이 학교폭력이라는 사실을 인지하지 못했을까요?

그 답은 이미 승호의 질문 속에 있습니다. 승호는 자기 행동이 팀의 관행과 문화에 따른 것이라거나, 팀을 위해서 한 것이라거나, 선배가 시켜서 한 것이라고 했습니다. 그렇습니다. 승호는 '변명'을 하며 자기 책임을 회피한 것입니다. 어쩌면 승호는 자기 행동이 잘못된 것을 알면서도 그동안 관행, 팀, 선배의 지시라는 명목으로 자신의 잘못을 눈감았는지도 모릅니다. 내 의도가 아니니까 괜찮아, 관행이고 팀을 위한 거니까 괜찮아, 선배의 지시니까 어쩔 수 없는 거잖아 하며 모든 책임을 실체도 없는 관행, 팀에게 돌린 채 자기의 죄책감을 덜어낸 것입니다.

정말 팀을 위한 것이었나요? 승호 자신을 위한 행동이 아니었나요? 팀을 위한 것이라고 해도 반드시 폭력적인 방법밖에 없었나요? 선배의 지시라고 해도 그것이 잘못된 것이라면 거부할 수 있지 않았나요? 어때요? 승호도 이제 알았나요? 승호는 그동안 자기 잘못을 알면서도 팀, 관행, 선배의 지시라는 명목으로 자신의 잘못에 눈을

감았거나, 자기 행동의 옳고 그름을 고민하거나 판단하지 않고 팀, 관행, 선배의 지시라는 이유로 그 잘못에 동참하면서 스스로 면죄부를 주고 있었던 것입니다.

염석진 그리고 아이히만

"해방될 줄 몰랐으니까."

혹시 〈암살〉이라는 영화를 보았나요? 이 대사는 이 영화에서 배우 이정재가 맡은 염석진이라는 극중 인물이 암살되기 전 왜 동지를 팔았냐고 묻는 전 동지의 질문에 대답한 말입니다. 염석진은 원래 독립군으로 조국의 독립을 위해 활동하다가 변절하고 일본 경찰의 앞잡이로 변신해 독립군 동지를 밀고해 죽게 하면서 자기 개인의 안위와 영달을 꾀한 인물입니다. 그렇게 자기 안위와 영달을 위해 조국과 동지를 배신했던 그가 해방 이후 배신자를 처단하기 위해 찾아온 옛 동지의 질문에 이렇게 답합니다.

그는 자기 잘못을 인정하지 않았습니다. 자기가 그런 선택을 한 것은 거대한 시대의 흐름에서 한 개인의 어쩔 수 없는 선택이었다는 변명으로 자신의 잘못을 눈감고 죄책감을 덜어내며 스스로 면죄부를 준 것입니다.

1961년 4월 11일부터 그해 12월 15일까지 이스라엘 예루살렘 법정에서 진행된 아이히만에 대한 재판은 온 세계를 충격으로 몰아넣었습니다. 아이히만은 제2차 세계대전 당시 나치의 유대인 집단학살 정책의 집행에 관여한 고위관리로, 유대인들을 체포해 집단학살이 이루어지는 강제수용소로 보내는 역할을 했고, 그에 의해 강제수용소로 보내져 희생된 유대인이 약 600만 명에 이르는 것으로 알려졌습니다.

제2차 세계대전 이후 그와 같은 만행을 저지른 아이히만이 이스라엘 비밀경찰에 의해 체포되어 예루살렘 법정에 서자 전 세계 언론의 관심이 집중되었습니다. 사람들은 아이히만에게서 '인간의 얼굴을 한 악마'를 볼 것으로 생각했죠. 그런데 재판을 통해 드러난 아이히만의 모습에 전 세계는 경악했습니다. 아이히만에게서 괴물, 악마의 모습을 발견한 것이 아니라 아내를 사랑하고 자식을 끔찍이 아끼며 자신의 삶과 직업에 성실하고 근면했던 지극히 평범한 인간을 보았기 때문입니다.

아이히만은 재판에서 항변했습니다. 자신은 그저 상부의 명령에 따랐을 뿐이라고. 자신에게는 그 행동의 옳고 그름을 판단하거나 할지 말지를 선택할 수 있는 권한이 없었다고 했습니다. 아이히만은 자기 손으로 엄청난 수의 유대인을 학살에 이르게 했음에도 전혀 양심의 가책을 느끼지 못했습니다.

염석진과 아이히만은 무엇을 잘못한 걸까요? 우리는 염석진과 아이히만에게서 무엇을 배워야 할까요? 그 둘의 공통점은 모두 자기 행동의 옳고 그름에 대한 사고와 판단을 회피하거나 포기하고 자기 행동에 대한 책임을 실체가 없는 시대의 흐름, 조직, 국가 등에 맡긴 채 거대한 악의 일부로 스스로 기능했다는 것입니다. 그 결과 염석진은 많은 독립군 동지를 죽음으로 몰아넣은 조국의 배신자로, 아이히만은 수많은 유대인을 학살한 반인륜적, 반인류적 범죄자로 역사에 남았습니다.

그 뒤에 숨어 있는 것

염석진과 아이히만이 승호의 행동과 무슨 관계냐고요? 승호를 그런 배신자, 범죄자와 비교하는 건 너무한 거 아니냐고요? 어쩌면 승호 입장에서는 그렇게 느낄 수 있을지 모르지만, 안타깝게도 사실 승호의 행동과 염석진, 아이히만의 행동에 본질적인 공통점이 있습니다. 그것은 승호 역시 염석진, 아이히만과 마찬가지로 팀, 관행, 문화라는 실체 없는 관념에 숨어 자신의 잘못과 죄책감을 덜어내거나, 스스로 옳고 그름의 판단을 포기한 채 잘못된 관행과 악습에 순응하고 스스로 그 일부로 기능했다는 것입니다.

사람들은 팀, 모임, 회사, 국가 등 각종 조직의 이름으로 너무 쉽게 누군가에게 폭력을 행합니다. 합리적인 소양을 갖춘 사람임에도 조직의 이름으로 다른 누군가에게 아무렇지 않게 폭력과 억압을 행하기도 합니다. 우리 모임을 위해, 우리 동기를 위해, 우리 팀을 위해, 우리 회사를 위해, 우리 가족을 위해. 왜일까요? 그건 조직을 위한다는 거짓 명목에 숨어 자기 잘못에 대한 양심의 가책을 느끼지 않을 수 있기 때문입니다. 승호가 그랬듯이 말이죠. 그러나 우리는 이미 알고 있습니다. 조직은 실체가 없는 허상이며, 그 조직을 구성하고 움직이는 것은 사람이기에 조직의 문화가 폭력적이라는 것은 그 조직의 구성원 개인의 폭력이 모인 결과라는 것을.

여전히 우리 사회의 많은 곳에서 조직의 이름으로 폭력과 억압이 빈번하게 행해지고, 반복되고, 이어지고 있습니다. 승호와 승호가 속한 야구부 역시 그렇게 폭력과 악습이 이어져 온 것입니다. 승호도 1학년 때 선배들에게서 폭력적이고 부당한 대우를 받았을 테고 그것이 잘못된 것이라 여겼겠지요. 그런데 2학년이 되어 1학년 후배들에게 본인이 받았던 부당한 대우를 고스란히 재현하고 있습니다. 3학년이 되면 2학년 후배들에게 1학년 후배들을 교육하라고 지시하고 있겠죠. 그렇게 팀이라는 이름 아래, 관행이라는 이름 아래 잘못된 악습이 수년이 지나고 구성원이 바뀌어도 계속되고, 피해자가 가해자가 되는 악순환이 계속되는 것입니다.

단호하게 거부할 수 있기를 바랍니다. 자기 행동의 의미에 대해 스스로 살피기를 바랍니다. 더는 팀, 관행 등 조직이라는 거짓 뒤에 자신을 숨기며 잘못된 행동을 반복하지 않기를 바랍니다. 잘못된 악습의 고리를 스스로 끊어내기를 바랍니다.

전통이라고 다
옳은 걸까

"일종의 룰 같은 거예요"

"우리 학교는 기숙사가 있는 학교라 저도 1학년 입학 때부터 지금까지 기숙사 생활을 하고 있어요. 기숙사 생활을 처음 할 때는 낯설기도 하고, 다른 친구들과 한방을 쓰며 공동생활을 한다는 것이 쉽지 않았지만, 시간이 지나면서 다 적응되더라고요. 그래서 지금은 잘 지내고 있어요. 그런데 얼마 전 일이 좀 생겼어요. 저랑 친구들 몇 명이 학교폭력으로 신고됐어요."

형준이가 1학년 아이들에게 가혹 행위를 하고 폭행하는 등으로 학교폭력을 행사했다는 이유입니다.

"그건 너무한 것 같아요. 사실 저희가 1학년 아이들을 괴롭히거나 혼내주려고 한 일이 아니거든요. 그냥 그건 일종의 전통으로 내려오는 신고식 같은 거예요. 저도 마찬가지로 1학년 때 기숙사 들어와서 다 겪은 일이고요. 그게 1년 내내 계속되는 것도 아니고 한 달 정도면 끝나고요."

그 신고식은 신입생들을 때리거나 심하게 대하는 것이 아니라 일종의 몇 가지 암묵적인 규칙 같은 거랍니다. 기숙사 신입생들이 입학하면 한 달 정도 지켜야 하는 룰 같은 거랍니다. 예를 들면 1학년 신입생들은 엘리베이터를 이용할 수 없고 계단을 이용해야 한다, 기숙사 내에서 선배들을 만나면 큰 소리로 인사해야 한다, 기숙사 방이 아닌 공용공간에서 핸드폰을 사용해서는 안 되고, 식사할 때 웃고 떠들면 안 되며, 기숙사 내에서 외부 음식을 먹어서는 안 된다, 밤 8시 이후 샤워실을 사용해서는 안 되고, 체력단련실에 출입할 수 없다, 공용 휴게실에 출입할 수 없다는 내용입니다.

"저도 사실 이런 게 왜 생겼는지, 왜 하는지 잘 모르지만, 기숙사에 들어와 보니 이런 암묵적인 룰 같은 게 있었고, 그걸 지키지 않으면 선배들에게 혼났거든요. 그래서 저도 지키려고 했고, 다른 친구들도 그런 분위기였어요. 뭐 일종의 전통 같은 거라고 여기는 것 같았어요."

형준이는 그렇게 2학년이 되었고, 신입생들이 기숙사에 들어오자 자연스럽게 신입생들에게 그 전통을 가르쳤답니다.

룰을 지키지 않아 발령한 '왕따령'

"그렇게 자연스럽게 후배들에게 이야기하고 그랬죠. 지나가다 위반하는 신입생들에게는 뭐라고 하기도 하고요. 그런데 어디나 그렇고 저희 1학년 때도 그랬듯이 그런 룰을 무시하고 지키지 않는 애들이 있거든요. 그러면 그런 애들은 2학년 선배들이 불러서 교육, 훈육 그런 걸 시켜요. 스스로 하기도 하지만, 그런 애들을 불러서 교육하라고 3학년 선배들이 2학년에게 뭐라고 하거든요. 저희도 마찬가지였어요."

1학년 신입생 중 몇 명이 전통을 지키지 않는다고 선배들 사이에서 이야기가 나오자, 3학년 선배들이 형준이를 비롯한 몇몇을 불러그 아이들을 교육하라고 했습니다. 전통을 따르지 않은 신입생들을 불러서 교육하는 것 또한 전통과 같은 거여서 그렇게 했습니다. 불러서 얼차려, 체벌 같은 것을 하고, 호통치고 혼내며 교육했죠.

"그렇게 해도 전통을 무시하고 따르지 않으면 선배들이 일종의 '왕따령' 같은 것을 내려요. 그러면 다른 1학년 신입생들은 그 아이와 접촉하면 안 돼요. 그 아이와 이야기하거나 가까이하면 그 신입생 역시 같은 대우를 받게 돼요. 더 심하게는 여러 가지 방식으로 왕따를 시키기도 해요. 이번에도 그런 경우였어요. 전통을 무시하고 따르지 않는다고 이야기되는 신입생 몇 명이 있어서, 3학년 지시에 따라 저희 2학년 몇 명이 그 아이들을 불러서 교육했죠. 그런데도 여전한 한두 명이 있어서 그 친구들에게는 왕따령을 발령했어요. 그런데 그 후배들 중 한 명이 저희를 학교폭력으로 신고한 거죠. 저희가 자기에게 학교폭력을 행사했다고요."

형준이는 사실 많이 억울합니다. 그 친구를 괴롭히려고 한 것도 아니고, 기숙사의 전통에 따른 것이고, 자기가 전통에 따르지 않아서 생긴 일이 아닌지 해서요.

"다른 신입생들은 다 잘 지키는데 자기만 지키지 않고 마음대로 행동해서 스스로 문제를 만들어 놓고는 학교폭력이라니요"

전통이라는 이름 뒤에 숨어

전통은 무엇이라 생각하나요? 아주 쉽게 생각해보면 과거로부터 지금까지 내려온 일, 관습, 문화 같은 것이겠죠. 그럼 그저 과거로부터 지금까지 이어져 내려온 것을 모두 전통이라고 할 수 있을까요? 전통의 사전적 의미를 살펴보면, 전통이란 '어떤 집단이나 공동체에서 과거로부터 이어 내려오는 바람직한 사상이나 관습, 행동 따위가 계통을 이루어 현재까지 전해진 것'입니다. 전통이란 단순히 과거로부터 지금까지 이어 내려온 관습, 행동 전부가 아니라 그중 '바람직한' 것으로 평가되어 현재 세대가 다음 세대로 계속 '이어가야 할' 가치가 있는 것으로 여겨지는 어떤 것이라 할 것입니다.

과거로부터 이어 내려왔지만 지금 세대가 다음 세대로 전수, 계승시키지 않고 단절해야 할 바람직하지 않은 관습, 행동, 사상을 무엇이라고 할까요? 네, 그런 것을 우리는 '폐습', '악습'이라고 합니다. 폐습의 사전적 의미는 '나쁜 버릇이나 관습'으로, 이를 통해 우리는 폐습은 과거로부터 지금까지 이어 내려왔지만 바람직하지 않은 나쁜 관습으로 우리가 다음 세대로 이어가지 않고 악습의 고리를 끊어야 할 어떤 것이라는 사실을 알 수 있습니다.

형준이에게 물어보겠습니다. 형준이는 학교 기숙사에서 지금까지 이어져 내려온 일종의 신고식 같은 관행 또는 관습이 전통이라고 생각하나요, 폐습이라고 생각하나요? 그와 같은 관행이 바람직하다고 생각하나요, 바람직하지 않다고 생각하나요? 그와 같은 행동이 다음 학년으로 계속 이어 내려가는 것이 좋겠다고 생각하나요, 아니면 이제라도 끝났으면 좋겠다고 생각하나요?

형준이가 1학년 신입생일 때 기분은 어땠나요? 그때 그런 관행이 쉽게 수긍되었나요? 자랑스러운 전통과 같은 것으로 생각되었나요? 지금은 어떤가요? 자신이 겪은 경험을 1학년 신입생에게 물려주니 기분이 좋던가요? 좋은 전통을 이어주는 것 같아서 뿌듯하던가요? 형준이와 많은 학생이 전통이라 여길지 모르는 그런 관행을 따르지 않은, 그래서 선배들에게 이른바 '교육'을 받고 동기들로부터 왕따를 당한 친구의 마음은 어떨 것 같나요?

그 친구의 이야기를 들어볼까요.

이해할 수 없는 이유로 다가온 괴롭힘

"저는 태수예요. 올해 고등학교에 진학해서 기숙사에 입학했어요. 고등학생이 되고, 원하는 고등학교에 입학해서 새로운 친구들을 사귈 생각에 사실 많이 설레었어요. 더구나 집을 떠나, 부모님의 곁을 떠나 기숙사 생활을 한다는 것도 약간의 두려움은 있었지만 기대가 됐어요. 영화, 드라마 등에서 본 것과 같은 뭔가 낭만이 있고, 친구들 사이의 찐한 우정이 있을 것 같은 그런 막연한 느낌이랄까. 하여튼 중학교 때까지와는 다른 세상이 펼쳐질 것 같은 기대 혹은 설레는 마음이었죠."

그런데 고등학교에 진학하고 막상 기숙사 생활을 시작했는데 기대와는 전혀 다르게 기숙사 생활이 악몽이 되어버렸습니다.

"사실 처음 얼마간은 나쁘지 않았어요. 그런데 몇 가지 사건을 계기로 서서히 기숙사 생활, 고등학교 생활은 엉망이 되었어요. 아니, 엉망이라는 표현으로는 부족하죠. 고통의 연속이었고, 제 생활, 삶이 완전히 무너져 내렸으니까요."

처음 기숙사에 들어온 후 며칠 지내다 보니 동기들 사이에서 신고식 같은, 처음 한 달간 신입생이 지켜야 할 룰이 있다는 이야기가 돌았답니다. 핸드폰을 사용하면 안 된다거나, 식사 때 웃고 떠들면 안 된다거나, 지나가다 선배를 보면 큰 소리로 인사해야 한다거나 하는 시시콜콜한 이야기들이었죠. 그때는 그런 게 있구나 하고 가볍게 지나쳤습니다.

"실제 그런 규칙이 있는지도 모를 일이고, 사실 기숙사가 군대도 아니고 그런 규칙이 있다는 게 웃긴 거잖아요. 그래서 별로 신경쓰지 않고 생활했어요. 그런데 지내다 보니 자꾸 이상한 일이 발생하더라고요. 누군지 모를 선배가 저를 노려보거나 지나가면서 뭐라고 하기도 하고, 때로는 저를 불러 세워 혼을 내더라고요. 신입생 아니냐고. 그런데 왜 핸드폰을 사용하느냐, 왜 체력단련실에 들어오느냐 등으로요. 그게 다 신고식이고 지켜야 하는 전통인데 왜 지키지 않느냐고요."

누가 만들고 왜 지켜야 하는지도 모른 채

태수는 아무리 생각해도 이해되지 않았습니다. 남에게 피해를 주는 것도 아니고, 학교 규칙으로 그런 규정이 있는 것도 아니고, 자신에게 허용된 생활을 자유롭게 한 것뿐인데 왜 자기 행동이 그렇게 억압되어야 하는지 잘 받아들여지지 않았습니다.

"그래서 그랬는지 그런 제 행동이 딱히 변하지 않더라고요. 그러기도 싫었고요. 그러던 어느 날 누군지 모를 선배라는 사람들 몇 명이 저를 찾아와 불러내더군요. 체력단련실로 데리고 가더라고요. 가서 보니 저 말고 몇 명 더 있더라고요. 거기에서 소위 교육을 당했어요. 군기 잡혔다고도 하고요. 혼내고, 소리 지르고, 체벌과 얼차려를 주고, 위협하고 강요하더군요. 똑바로 하라고 하더라고요. 신고식 전통을 똑바로 지키라고."

태수는 너무 화가 나고 어이가 없었습니다.

"아니 대체 누가 만들었는지도 모를, 도대체 왜 지켜야 하는지도 모를 이상한, 말도 안 되는 규칙을 신고식 전통이라고 지키라고 강요하는 것도 모자라 단체로 위협하고, 강요하고, 체벌과 폭행까지 하는 상황이 제 상식으로는 도저히 받아들여지지 않았거든요. 그래도 제가 할 수 있는 일이 없으니까 그냥 혼자 삭이고 넘어갔어요."

그런 일이 있고 나서 얼마 지나지 않아 기숙사 생활에서 점점 이상한 일들이 생겼답니다. 가장 이상했던 것은 어느 날부터 동기들이 태수를 피하는 느낌을 받은 겁니다. 평소 인사하고 지내던 아이들인데 인사를 하지 않고 태수의 인사도 모른 체하며 지나가는가 하면, 기숙사 식당에서 밥 먹을 때도 태수 옆자리나 앞자리에 아무도 앉지 않더랍니다. 아는 친구들 옆자리로 가면 그 친구들이 태수를 피해 자리를 옮겨버리더라고요.

"그때 알았죠. 아, 내가 뭔가 '따'를 당하고 있구나 하는 사실을 요. 그것만이 아니었어요. 아침이나 저녁에 샤워하거나 화장실에 있을 때 갑자기 샤워실 불이 꺼져버리곤 했고, 비누와 샴푸가 들어 있는 바구니가 없어지기도 했어요. 제 책상 위에 놓여 있던 필기구, 노트, 생필품 등이 없어지기도 했고요. 어떤 날은 샤워하고 들어와 자려고 하는데 제 침대에 놓여 있던 베개와 이불이 없어졌어요. 룸메이트에게 물어봤더니 자기도 모른다고만 하더라고요. 그날 밤은 꼬박 추위에 떨며 외투를 덮고 웅크리고 자야 했죠. 어떤 날은 제 노트, 책 위에 욕과 낙서가 쓰여 있기도 하더군요."

"이런 말도 안 되는 일이 사라졌으면"

이런 일이 끊이지 않고 반복되자 태수는 한 친구를 잡고 물어봤습니다. 그 친구는 태수가 기숙사에 들어와서 제일 가깝게 지냈던 친구였습니다. 물론 그 친구도 어느 날부터 태수를 피했지만요.

"붙잡고 사정하며 물어봤더니 그 친구가 그제야 이야기해주더라고요. 너 지금 '왕따령' 내려진 거라고. 그래서 동기들에게 왕따 당하고 괴롭힘당하는 거라고. 왕따 당하지 않으려면 선배들을 찾아가 용서 빌고, 전통을 지키라고 하더라고요. 자기도 어쩔 수 없다고, 그것 말고 도와줄 방법이 없다고요. 저랑 친하게 지내면 자기도 똑같이 당할 거라고. 저는 그렇게 매일 선배들에게, 심지어 동기들에게 왕따를 당하고 조롱과 괴롭힘을 당하며 외톨이로 지냈어요."

그러다 보니 하루하루가 너무 힘겹고 고통스러웠던 태수. 더구나 학교를 마치고 집으로 돌아오면 그만인 것이 아니라 기숙사라는 공간에서 다시 같은, 아니 더한 괴롭힘이 24시간 이어지다 보니 피할 공간도, 안식할 시간도 주어지지 않았습니다. 그렇게 학교라는 세상에서 홀로 완전히 버림받은 느낌이어서 몹시 힘들어했던 태수.

"모두가 저를 욕하는 것만 같았고요. 더 힘든 것은 제가 왜 대체 그런 고통을 받아야 하는지, 내가 대체 무슨 잘못을 한 건지 이해가 되지 않는 것이었어요. 그 전통이라는 게 뭐라고 지켜야 하며, 그 전통을 지키지 않았다고 해서 한 사람을 집단 전체가 괴롭히는 것이 정상적인 상황인지 도무지 받아들여지지 않았어요. 그래서 결심했죠. 저를 지키고 비정상을 정상으로 돌려놓기로요. 이대로 상황을 계속 놔두면 결국은 제가 무너질 것 같았거든요. 스스로 저를 지킬 수 없을 것 같았거든요. 그래서 제게 교육이라는 명목으로 강요, 폭행, 위협을 한 선배들, 1학년 동기들에게 소위 '왕따령'을 내린 선배들을 학교폭력으로 신고했어요."

사실 태수는 선배들뿐만 아니라 동기들도 신고하고 싶었답니다. 그들도 분명한 가담자이고 방조자이니까요. 전통이라는 허울 뒤에 숨어 거대한 폭력에 동참한 공범들이니까요.

"하지만 동기들을 신고하지는 않았어요. 동기들도 어찌 보면 폐습의 피해자이기도 하고, 만약 선배들에 대한 신고로 전통이라는 이름 아래 지금까지 저질러졌던 악습과 폭력의 실체를 명백히 드러낼 수 있다면, 혹시 그들이 내년에는 자신의 후배들에게 그와 같은 악습을 전통이라는 잘못된 이름으로 강요하는 폐습의 고리를 끊어낼 수 있지 않을까 하는 기대가 있었거든요. 하여튼 저는 전통이라는 이름의 악습으로 너무 고통받았지만, 이 학교에서 누구도 다시는 이런 말도 안 되는 일로 고통받고 힘들어하지 않았으면 좋겠어요."

모두가 가해자일 수 있습니다

어때요, 형준이도 이제 이해가 되나요? 태수의 마음, 고통, 상처가 보이나요? 불합리한 폐습에 대항한 태수가 보이나요? 형준이와 친구들이 전통이라는 이름의 폭력 행사에 동참하고, 묵인하고, 방조한 모든 친구가 합리적·이성적 사고 없이 그저 받아들인 전통이 어떤 실체를 가진 것인지 이해되나요? 그들이 전통이라는 허울과 집단의 이름으로 태수에게 행사한 무자비한 폭력의 모습이 보이나요? 그들이 전통과 집단의 이름으로 태수에게 어떤 피해와 상처를 주었는지 이해되나요?

우리는 영화 〈암살〉 속의 등장인물인 염석진이라는 인물과 나치의 협력자 아이히만을 통해 팀, 모임, 회사, 국가 등 조직과 집단의 이름 뒤에 숨어 아무런 고민과 합리적·이성적 사고 없이 조직의 이름으로 행해지는 거대 악에 양심의 가책 없이 동참하는 평범한 일반인의 모습을 봅니다. 형준이와 친구들의 행동은 염석진, 아이히만의 모습과 전혀 다르지 않아 보입니다. 형준이가 했던 변명 역시 염석진, 아이히만의 변명과 달라 보이지 않습니다.

그들처럼 형준이와 친구들, 그리고 태수의 많은 선배, 동기는 전통이라는 이름으로 포장되어 행해지는 거대한 폭력에 스스로 동참한 것입니다. 동참하지는 않았더라도 묵인하고 방조함으로써 그 폭력적 문화를 유지하거나 계승했고 심지어 선배가 되어 그 폭력을 스스로 주체가 되어 후배들에게 행했습니다. 태수와 같이 잘못된 관행과 문화, 폭력적 폐습에 의문을 품고 저항한 진정한 주체적 인간을 집단의 이름으로 응징했습니다. 어쩌면 그 잘못된 관행, 문화, 폐습에 저항하지 않고 그것을 묵인, 방조한 모두가 가해자일 수 있습니다.

나치 독일의 유명한 선동가 괴벨스는 침략당한 나라의 국민은 자연스럽게 세 부류로 나뉜다고 했습니다. 레지스탕스(저항, 적대 세력), 콜라보레이터(협력자, 추종 세력), 매스(일반 대중)로 말이죠. 이 구분은 일본 제국주의 강점기 시절 우리나라 국민에게도 적용할 수 있지만, 굳이 침략당한 국가의 국민뿐만 아니라 특정 집단, 조직을 구성하는 구성원에게도 적용할 수 있습니다.

특정 조직에는 그 조직만의 고유한 문화, 사상. 행동 양식 등이 있습니다. 특히 많은 경우 잘못된 관행, 폐습, 악습이 그 조직을 지배하기도 하는데, 그때 그 조직의 구성원 역시 세 부류로 나눌 수 있습니다. 협력자(콜라보레이터), 저항자(레지스탕스), 매스(생각 없는 다수 구성원)로 말이죠. 협력자들이 레지스탕스를 조직의 적으로 규정하고 그들을 조직의 이름으로 응징합니다. 협력자들이 레지스탕스에 대한 가해자임은 분명합니다.

그럼 협력자도, 레지스탕스도 아닌 다수의 생각 없는 대중, 구성원은 과연 레지스탕스에 대해 조직의 이름으로 행해진 폭력에 아무런 책임이 없을까요? 그렇지 않습니다. 그 폭력을 수용하고 묵인, 방조한 다수의 대중, 구성원이 없다면 결코 소수의 협력자가 조직의 이름으로 레지스탕스를 응징할 수 없습니다. 그들 역시 그 폭력에 대한 책임에서 자유롭기 어렵습니다. 자신이 적극적인 협력자가 아니라고 해서 태수에 대한 폭력에 책임이 없다고 단정할 수 없습니다.

이처럼 집단의 이름으로 행해지는 폭력을 묵인하고 방조한 자신 역시 가해자가 아닌지 스스로 진지하게 고민하기를 바랍니다.

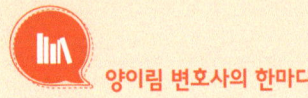

양이림 변호사의 한마디

인간은 사회적 동물입니다. 필연적으로 타인과 섞여 서로 부대끼며 살아가죠. 서로 다른 개인들이 모여 살아가다 보니 언제나 많은 갈등과 충돌이 생깁니다. 때로는 집단과 사회의 가치가 개인을 억압하기도 합니다. 우리 학생들 역시 학교라는 울타리 안에서 타인과 관계를 맺고 살아가며 다양한 갈등 상황에 직면합니다. 다양한 갈등 상황에 어떻게 대처해야 할까요? 어떻게 하면 타인과 갈등을 줄이고 평화롭게 지낼 수 있을까요? 어떻게 하면 사회라는 집단적 공간에서 개인 각자가 자신의 고유한 개성과 인격대로 살아갈 수 있을까요?

우리 학생들 스스로 그것에 대해 고민을 할 수 있었으면 좋겠습니다. 사회라는 울타리 안에서 타인과 평화롭게 공존하며 더불어 살아갈 수 있는 삶의 태도가 무엇인지, 사회라는 울타리 안에서 구성원 각자가 고유한 존재가치와 인격을 지닌 온전한 개인으로 삶을 영위할 방법이 무엇인지를 말이죠.

학교폭력의 실제를 여행한 소감이 어떤가요? 지금도 학교폭력이란 몹시 나쁘고 못된 일부 학생이 저지르는 매우 이례적인 현상이라고 생각하나요? 그런 학생들을 혼내주면 학교폭력이 없어지리라 생각하나요? 그렇지 않습니다. 여러분도 학교폭력은 여러분 곁에 가까이 있다는 것을, 일상에 스며들어 있다는 것을 알게 되었을 것입니다. 학교폭력은 커다란 범죄의 모습을 띠는 것이 아니라 일상적인 일이라는 점을 알게 되었을 것입니다. 그것은 나, 내 아이가 학교폭력에 노출되어 있음을 의미하지만, 나, 내 아이 역시 언제든 학교폭력의 가해자가 될 수 있음을 의미합니다.

그렇다면 학교폭력으로부터 어떻게 자유로워질 수 있을까요? 어떻게 하면 학교폭력이 없는 안전한 학교에서 생활할 수 있을까요? 어떻게 하면 남들에게 해를 끼치지 않고, 피해를 받지 않고 살아갈 수 있을까요? 어떻게 하면 가해자도 피해자도 없는 평화로운 학교생활을 할 수 있을까요? 그 답은 저도 잘 알지 못합니다. 다양한 문제들이 얽혀 있을 테니

하나의 답을 내릴 수 없습니다.

　다만 이렇게 말씀드릴 수는 있습니다. 이 책을 통해 학교폭력의 실제를 경험한 지금, 어떤 생각이 드나요.? 무엇이 문제이고, 무엇이 해결 방법이라고 생각하나요? 우리는 어떤 마음가짐으로 학교생활을 해야 할까요? 이 질문에 대한 답이 떠오른다면, 그 답을 찾기 시작했다면 제가 이 책을 통해 여러분에게 전하고자 했던 고민과 해결의 실마리가 충분히 도달했으리라 생각합니다. 모쪼록 이 책이 각자의 자리에서 학교폭력을 고민하고 해결하기 위해 노력하는 계기가 되기를 소망합니다.

　제가 프롤로그에서 언급한 〈더 글로리〉의 주인공 '동은'이 이렇게 이야기할 수 있었으면 좋겠습니다.

　"오늘부터 내 꿈은 나만의 삶을 온전히 살아내는 거야. 우리 각자의 자리에서 또 보자, 박연진."

일상에서 흔히 일어날 수 있는 갈등과 폭력

어른이 함께 길을 찾아야 할 학교폭력